El Dinero y YO
In God We Trust
Universidad

GUÍA DEL POWER POINT

Edición Frases Sabias

Sara Money

LA AUTORA

Sara Money es una experta y diseñadora de un sistema de educacion financiera para organizaciones que quieren ayudar a personas a mejorar su situacion financiera (ejemplo: que viven de cheque a cheque).

- Autora de doce libros sobre Educación Financiera
- Maestría en Consejeria, 1998,Universidad Webster
- Licenciatura en Psicología y Comunicaciones, 1992, Universidad de Nuevo México (UNM)
- Consejera, Escuelas Públicas de Albuquerque
- Coordinadora de Iniciativa y Liderazgo Urbano (DVULI)
- Directora Ejecutiva, Love INC (Amor en el Nombre de Cristo) de Albuquerque
- Directora de Centro de Llamadas, Love INC (Amor en el Nombre de Cristo) de Albuquerque
- Consejera y Asesora, Job Corps
- Especialista en la División de Ingresos, Departamento de Servicios Humanos de Nuevo Mexico
- Voluntraria, Centro de Crisis para víctimas de Abuso sexual, Centro Agora de UNM

Y en caso de que se pregunte, si Sara Money es su nombre real. Así es, es su nombre de nacimiento.

ISBN 10: 1-7327682-0-X
ISBN 13: **978-1-7327682-0-8**

PowerPoint El Dinero y YO

MENSAJE DE SARA

¿Le ha pasado que tiene dinero al principio del mes, pero para fin de mes desaparece? No es el único. Muchas personas gastan su dinero en cosas que quieren, pero que no necesitan. Otras gastan su dinero por malos hábitos, emociones o adicciones. Cualquiera que sea su caso, el programa El Dinero y YO es para usted.

En julio 2011, fui desafiada a enseñar una clase de cómo manejar mejor el dinero a personas de bajos recursos. Mi primer intento fue usar los conceptos del manejo del dinero de programas financieros para personas de clase media. De inmediato descubrí que estos programas usan palabras como “vacaciones” “tintorería” o “seguro de vida”. Estas palabras y conceptos son poco conocidos para las personas que viven con una pensión o con el salario mínimo.

El programa del Dinero y YO fue diseñado para ser simple, fácil de entender y para ayudar a las personas a tomar control de su dinero. Si usted puede aprender y aplicar uno de estos conceptos, empezara con el proceso de tomar control y manejar mejor su dinero. He visto personas que ahorran hasta $300 al mes cuando dejan de rentar películas, comprar sodas, papitas diariamente.

Las personas que han implementado los conceptos que se enseñan aquí han sido capaces de pagar sus deudas y aprender a vivir dentro del límite de sus ingresos. Me di cuenta de que mucha gente, como los que reciben Seguro Social o incapacidad, siempre pueden ser considerados de bajos ingreso; y, aun así, he visto la alegría cuando ellos se dan cuenta que pueden tener libertad financiera y tener éxito en otras áreas de sus vidas.

El Dinero y YO empezó con una hoja sencilla de presupuesto, ajustada al lenguaje que hablan las personas de bajos ingresos. Y ahora es un libro completo de trabajo con PowerPoint y entrenamiento. Muchas personas ayudaron con el desarrollo, incluyendo extensivas búsquedas y participando en grupos de enfoque. Todos los conceptos e ideas enseñadas son sencillas, pero tratando de hacer un cambio en los participantes.

Le invito a ser parte del Programa del Dinero y YO. Lo importante es recordar que El Dinero y YO, puede ser exitoso en las personas que están dispuestas a cambiar sus viejos hábitos y su manera de pensar. Usted ha sido creado por Dios y Él tiene un propósito especial para usted. Oro que usted caminara con El a través de este proceso. Empiece el viaje, tomando mejores decisiones, las cuales impactaran los años por venir.

Sara Money, Autora y Diseñadora del programa El Dinero y YO

AGRADECIMIENTOS

Desde el primer día, este programa ha tenido la colaboración de muchas personas, la cual incluyen búsqueda intensiva y grupos de enfoque. Cada vez en el programa del Dinero y YO fue presentado, mejorías fueron añadidas. Cada persona sin importar su rol dio su percepción en el desarrollo del Dinero y YO. Este programa no existiría sin la inspiración de Dios y las asombrosas personas que El, reunió para este proyecto.

Es un honor y placer agradecer a las siguientes personas:

Mi familia:

- Mi hija, Emily, que me inspiró a mantener el programa del Dinero y YO sencillo.
- Mi mamá, Charlene Greenwood, por corregir hojas, presentación y el contenido del PowerPoint, a veces trabajando de noche para entregar a tiempo.

Editores:

- Lauren Leggee, Asistente Administrativa de Love INC, por compartir su conocimiento del mundo de bajos ingresos, ayudando a desarrollar los grupos de enfoque y algunas veces siendo parte de ellos.
- Tori Pilcher, Encargada del Centro de Donaciones de Love INC, Coordinadora/ Entrenadora del Dinero y YO, ayudando con muchos componentes, aconsejando en el diseño de las hojas y revisando el contenido
- Glenda Austin, Administradora, Departamento de Admisiones en la Universidad Trinity Southwest, por su perspectiva y ayuda con el diseño gráfico.
- Paula Avery, Mike Henderson e Yvonne Lara, miembros del Grupo de Escritores de Love INC, por sus comentarios.

Otros:

- Edith Carreón por traducir todo a español y compartir su conocimiento de la cultura hispana.
- La Mesa de directores de Love INC 2014: Robert Voss, Anthony Lovato, Kevin Johnson, Steve Denning y Terry Dwyer por sus oraciones y apoyo.
- Mickey Beisman, abogado, que me dio ánimo y ayuda legal.

  Mike Cosgrove, Exdirector de Ministerios financieros True North, por compartir su conocimiento y experiencia en los principios del manejo de dinero.

-

Tabla de Contenido

Historias del Entrenador

Las historias del entrenador le darán la oportunidad de compartir historias personales, añadir interés y a desarrollar lazos con los participantes. Los entrenadores deberían preparar sus historias con tiempo.

RECUERDE: Las historias deben ser BREVES. Un grafico con la palabra "Mi historia" estará en la diapositiva para recordarle cuando compartir su historia.

Historia #1. Recuerde una historia de su infancia donde usted hizo algo, que les causo a sus padres un gasto extra, o un evento inesperado que le paso a usted con sus propios hijos. Sección 1: Realidad.

____

____

____

Historia #2. Piense en algo que usted compraba, pero cuando se dio cuenta cuando le costaba anualmente, dejo de hacer esa compra. Sección 1: Realidad.

____

____

____

Historia #3. Recuerde alguna vez que haya experimentador una crisis en su vida. Puede ser algo médico, desastre natural, familiar, etc. ¿Tuvo gente a su alrededor que le ayudo? Hable acerca de como el tener un sistema de soporte, puede ayudar cuando se presenta algo inesperado. Sección 2: Responsabilidad.

____

____

____

Historia #4. Comparta con el grupo si usted es gastador o ahorrador. Que ha aprendido sobre usted y si hay algo que ha cambiado o está tratando de cambiar. Sección 2: Responsabilidad.

____

____

Historia #5. Piense en algún mal habito que alguna vez tuvo. ¿Cuándo se dio cuenta que no era saludable y que hizo para cambiarlo? Sección 2: Responsabilidad.

____

____

Historia #6. Comparta una historia de que es lo que hacia de niño para ganar dinero extra. Sección 3: Compras Inteligentes.

____

____

Historia #7. Comparta una historia breve de ser gastador o ahorrador. ¿Qué aprendió de esta historia? Sección 5: Preparar un Presupuesto.

____

____

Historia #8. Cuente una historia de una actividad que le gusta hacer, que es gratis o que cuesta poco dinero. NOTA: Si no tiene suficiente tiempo, puede dejar fuera la discusión de "Actividades Gratis" y pedirles que la terminen en casa. Sección 6: Tomar el Control.

____

____

____

Informacion Importante

El Diseño del PowerPoint

Hay seis presentaciones de PowerPoint. Cada una dura aproximadamente una hora. Cada diapositiva tiene animación que fue diseñada para que el entrenador de un solo clic para avanzar a la siguiente diapositiva. Hay tiempo en las palabras y la animación para hablar un poco y seguir con el flujo de la presentación. Si se están haciendo mas de una presentación por día, se puede avanzar a la siguiente sección después de la ultima discusión.

Los entrenadores DEBERÍAN practicar todas las presentaciones para familiarizarse con el contenido, animaciones y tiempos. Prepare con tiempo sus historias de entrenador. Asegúrese que las historias son apropiadas para la audiencia.

Distribución de Libros de Trabajos y Kits

Es importante para los participantes que NO se lleven los libros de trabajo y kits hasta que finalice la ultima sección. La mayoría de ellos no recordara traer los libros de vuelta y es muy importante que ellos tengas el material para todas las secciones. Si va a presentar todo el programa en un solo día, entonces ellos podrán llevar el libro y el kit al final del día.

Comida

Si todo el programa va a ser presentado en un solo día, haga un plan para proveer una comida nutritiva para los participantes, por ejemplo: sopas, guisados, ensaladas, etc. Es de mucha ayuda tener a otras personas que le ayuden con esta parte del programa. Poner la comida, servir y limpiar no debería ser un trabajo para el asistente del entrenador o el entrenador. Esto lo distraerá de su trabajo. Los participantes disfrutaran de la comida y de ser atendidos. Sera un buen tiempo para conocerse mejor.

Sección 1: Realidad

Diapositiva 1

Diapositiva 2

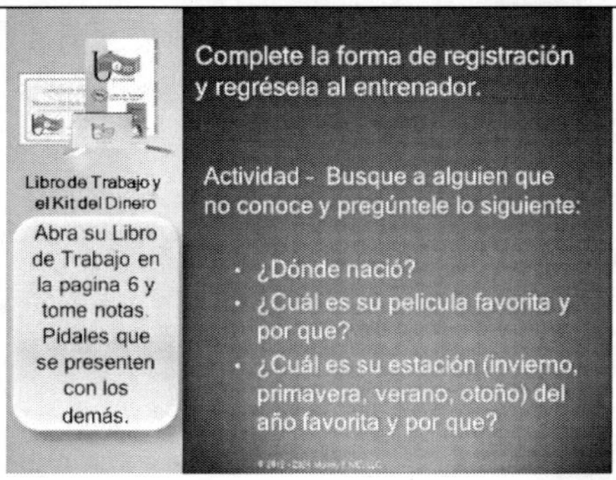

Esta diapositiva deberá estar puesta cuando los participantes estén llegando. El entrenador y los ayudantes deben usarla como guía para que los participantes sepan que deben hacer al momento de llegar. Las preguntas son para ayudar a los participantes a presentarse y conocer a otros. Este programa tiene como enfoque desarrollar buenas amistades. Esta actividad le ayudara a empezar con este proceso. Pida a cada persona que presente a la persona que acaba de conocer.

Diapositiva 3

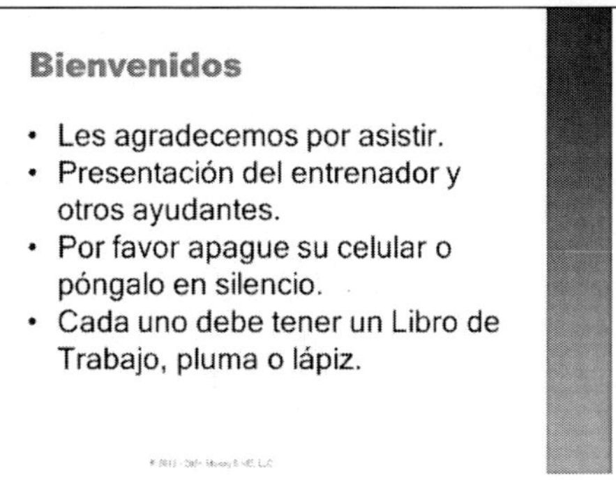

Como entrenador, asegúrese de saber dónde están los baños, el cuarto donde cuidan a los niños y las puertas de emergencia. Tenga a la mano su celular, úselo como ayuda visual para recordarle a las personas que deben apagar o poner en vibrador sus celulares. Asegúrese que cada uno tiene un lápiz y el libro de trabajo del Dinero y yo. El entrenador necesita involucrarse con la audiencia; ella o el deben estar animados y con energía para enseñar la clase.

Diapositiva 4

Muestre cada articulo (Bolsa, libreta, sobres, pluma y lápiz) para reforzar la diapositiva.
Cada persona mayor de 16 años recibirá el Libro y un kit.
El participante obtendrá el kit completo en el taller.

Sección 1: Realidad

Diapositiva 5

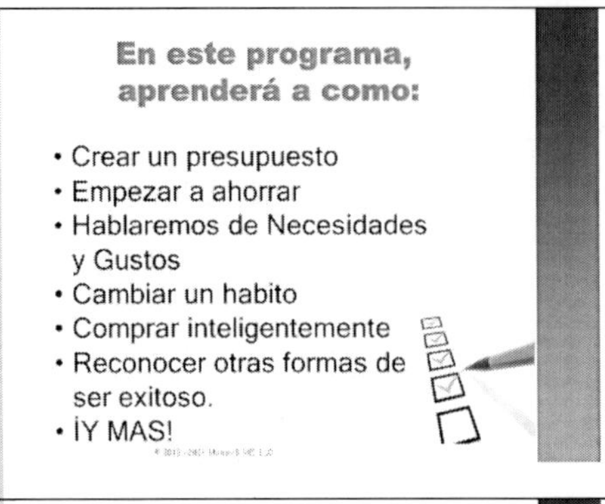

La mayoría de las diapositivas están diseñadas para solo hacer 1 solo clic.

Diapositiva 6

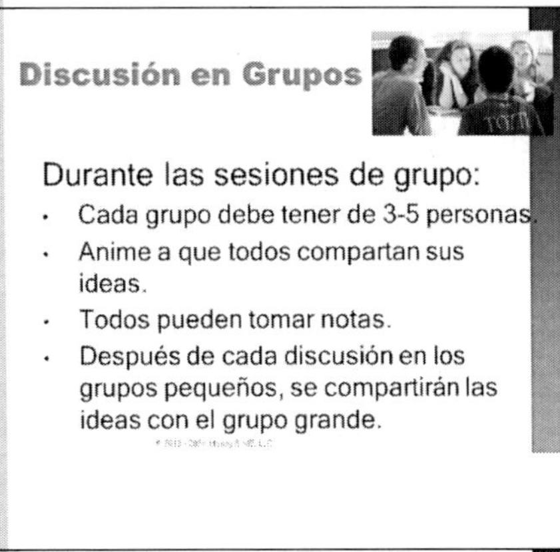

El entrenador y el asistente NO deberían ser parte de las discusiones de los grupos pequeños. Los entrenadores deben caminar alrededor y animar a discutir, pero deje que los participantes sean los que compartan y aprendan de otros. Los grupos pequeños deben ser de 3 a 5 personas. Si los grupos son más grandes, tal vez alguien no tenga oportunidad de participar. Recuerde a los grupos mantenerse enfocados en el tema. El tiempo para discutir debe ser de 5 a 15 minutos.

Diapositiva 7

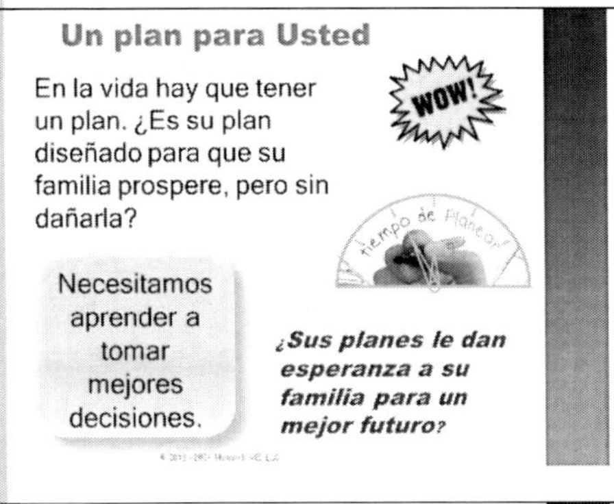

Es muy importante que los participantes tengan un plan para sus vidas y tomen buenas decisiones.

Diapositiva 8

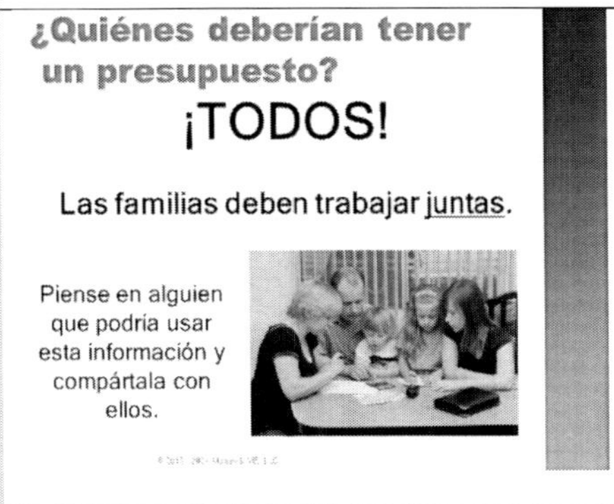

Las familias deben ser animadas a trabajar juntos en crear su presupuesto. Anime a los participantes a compartir con otros la información que van a aprender aquí. El nivel de aprendizaje se eleva cuando una persona es capaz de compartir su conocimiento con otros.

Diapositiva 9

En la Sección 7 del Libro de Trabajo hay una lista de frases que son mencionadas en el programa del Dinero y yo.

Diapositiva 10

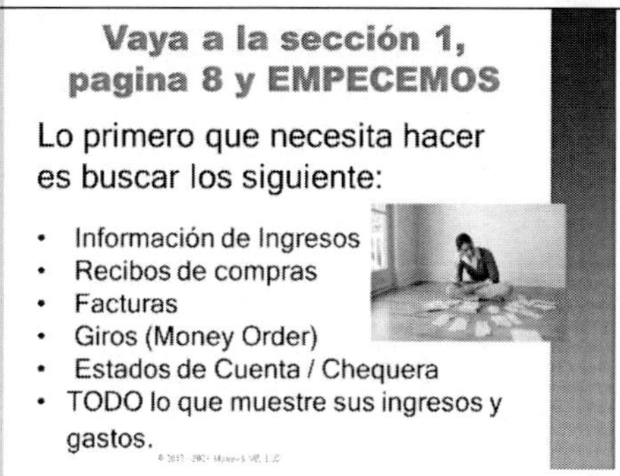

Esto será parte de la tarea.
Recuérdeles que la información es privada y no será compartida con el grupo.

Diapositiva 11

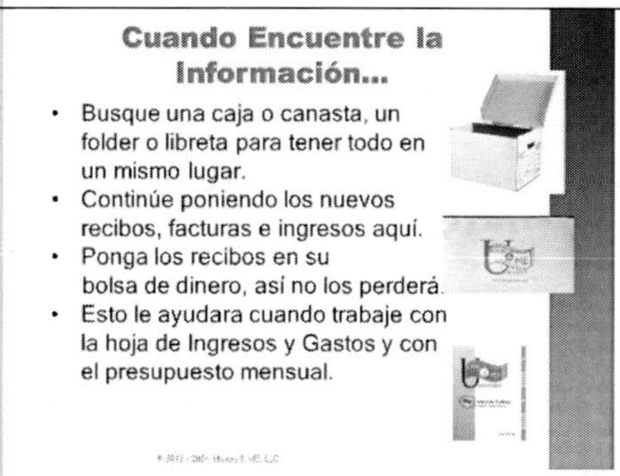

Anime a los participantes a encontrar un recipiente para que puedan tener toda su información financiera en un mismo lugar. Al estar la persona mas organizada, mayor éxito tendrá al pagar sus recibos a tiempo.

Diapositiva 12

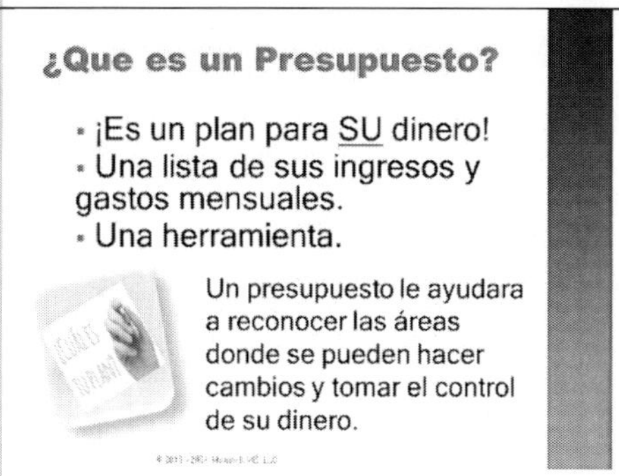

"Presupuesto" puede ser una palabra NUEVA e INTIMIDANTE para algunos de los participantes. Recuérdeles, que un presupuesto es un "plan" que los ayudara con su dinero y sus metas. Esto no sucederá inmediatamente. Los pasos para el éxito son: ser pacientes con otros, trabajar juntos y ajustar su presupuesto cuando sea necesario.

Diapositiva 13

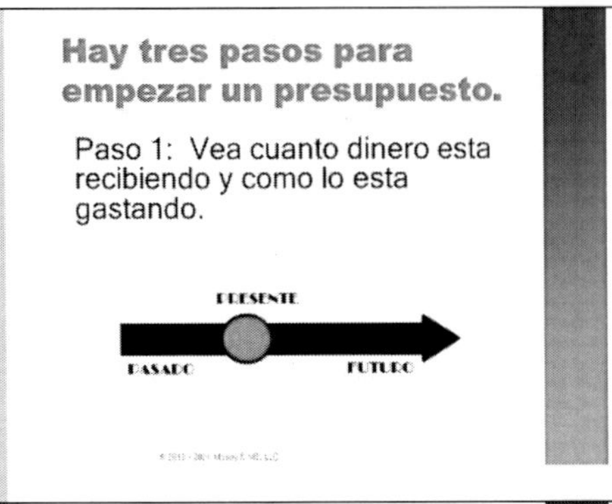

Crear un presupuesto es un proceso. El primer paso es identificar cuanto ingreso recibe una persona (o la familia) y cuanto están gastando. Esto lo verán cuando completen la hoja de Ingresos y Gastos Mensuales.

Diapositiva 14

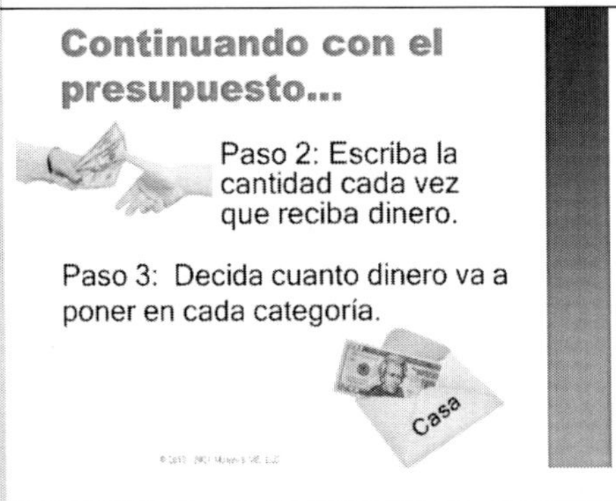

El segundo paso es escribir cada vez que la persona recibe su pago.
El tercer paso es escribir la cantidad de dinero que quieren gastar en cada categoría.

Diapositiva 15

Este mapa es para ayudar a los participantes, a ver lo importante que es conocer sus hábitos actuales de gastos. Ellos necesitas saber que es lo que están haciendo (USTED ESTA AQUÍ) antes de ir hacia donde ellos quieren ir (SU FUTURO PRESUPUESTO Y HÁBITOS DE GASTOS).

Diapositiva 16

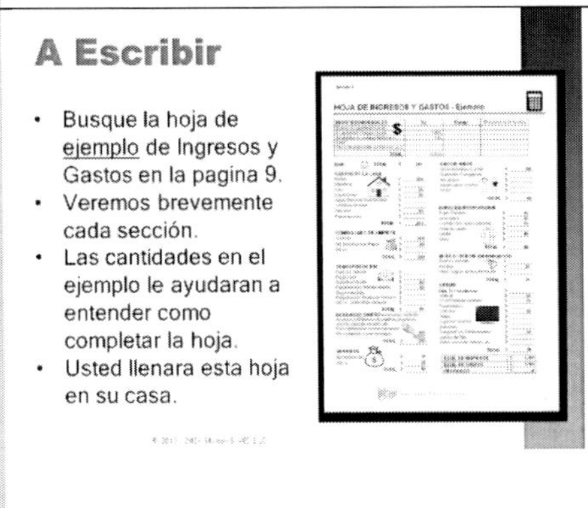

Hoja de Ingresos y Gastos

La hoja de Ingresos y gastos es la BASE del resto del programa del Dinero y yo. Esta puede ser la primera vez que los participantes escriban sus ingresos y gastos en una hoja. Cada Libro de Trabajo incluye 2 copias de la hoja de ingresos y gastos. Una copia será utilizada durante la orientación. Y las dos extras son para hacer copias si se necesitara después.

Diapositiva 17

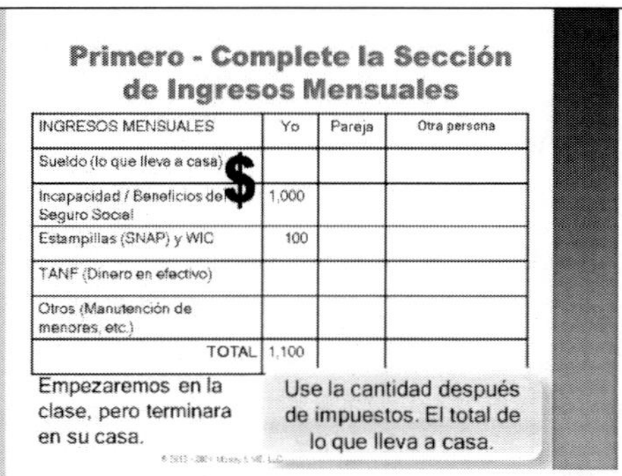

Los participantes necesitan saber cuánto dinero tienen para gastar cada mes. Estampilla de comida, WIC y TANF es considerado como ingresos.
Los ingresos y presupuesto mensual deben ser calculados después de impuestos.
RECUERDE: Esto es solo una reseña

Diapositiva 18

Las Categorías de gastos son la base para el sistema de Dinero en sobres. Hablaremos más durante el taller. El concepto de categoría de gastos puede ser algo nuevo para la mayoría de las personas.
Los entrenadores deben señalar los diferentes dibujos y enfatizar algunas de las categorías.

Diapositiva 19

Cada participante es diferente. Algunos puedan o no, que estén dando a la comunidad. Y eso está bien. Nosotros queremos que empiecen a pensar en formas de dar. Nuestra comunidad se fortalece cuando nos involucramos. Es importante poner a pensar a los participantes acerca de lo que reciben (beneficios), para que piensen en lo que podrían dan.

Diapositiva 20

Dar a nuestra comunidad y ayudar a otros también es importante. Comparta algunas maneras en que las personas pueden ayudar como limpiar el vecindario, recogiendo basura en una escuela, lavando carros, limpiando patios (yardas), siendo voluntario, etc.

Seccion 1: Realidad

Diapositiva 21

Este alerta, porque los gastos de VIVIENDA pueden ser un área difícil para hacer cambios. Sin embargo, si una persona o familia están gastando más del 30% de sus ingresos en renta esto afectara grandemente en otras categorías. Opciones a considerar puede ser reducir gastos de vivienda que puede ser cambiándose de lugar, aplicar para un lugar subsidiado, o entrar en un presupuesto en utilidades, etc. El teléfono de casa deber ser enlistado en esta categoría. Los gastos de celulares deben ponerse en la categoría de ropa y artículos personales.

Diapositiva 22

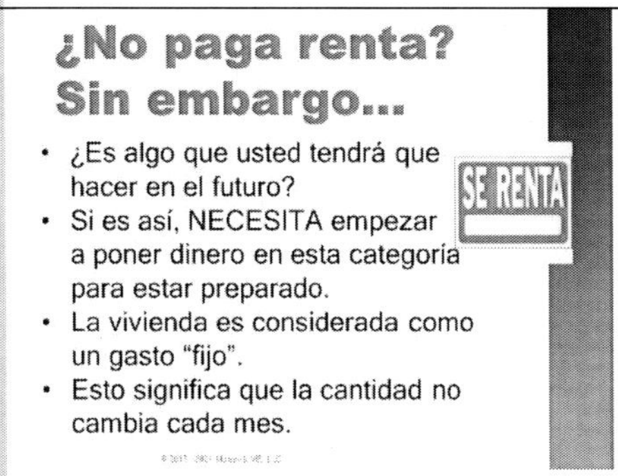

Algunas personas estarán viviendo con otros, otros tal vez no tengan hogar, o algunos todavía viven con sus padres. Y aunque algunos no están pagando renta por ahora, es muy importante que empiecen a poner dinero en esta categoría. En el futuro ellos van a necesitar tener dinero para el deposito y para pagar el primer mes de renta.

Diapositiva 23

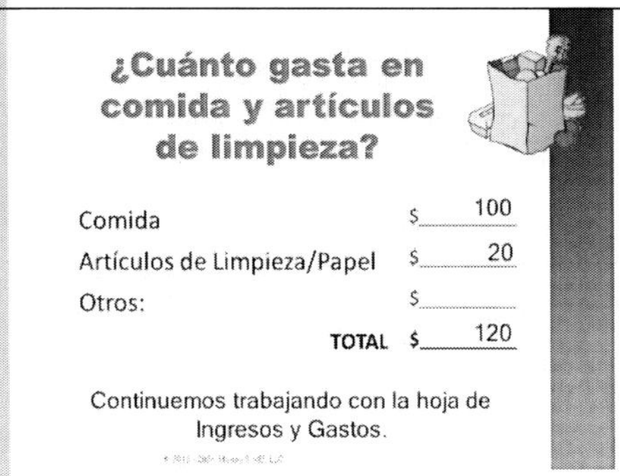

Durante el taller, hablaremos sobre las maneras en que se puede ahorrar dinero en esta área. La cantidad de dinero que se gasta en comida y artículos de limpieza tal vez los sorprenda.

Diapositiva 24

Esta es otra área donde los participantes podrían hacer cambios.
Durante el taller hablaremos sobre más ideas de cómo ahorrar dinero en transportación.

Diapositiva 25

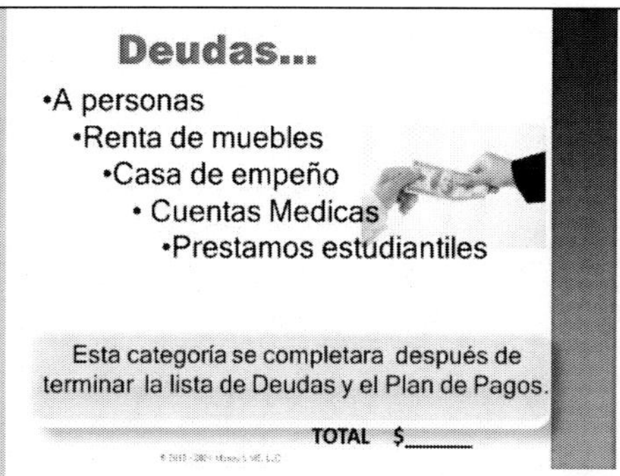

Pueda que algunos participantes deban dinero como: prestamos (payday loans y title loans), casa de empeño, a miembros de su familia, personas que le renta la casa, tarjetas de crédito, etc.
Esta sección se completará DESPUÉS de que los participantes completen su Plan de Pagos.

Diapositiva 26

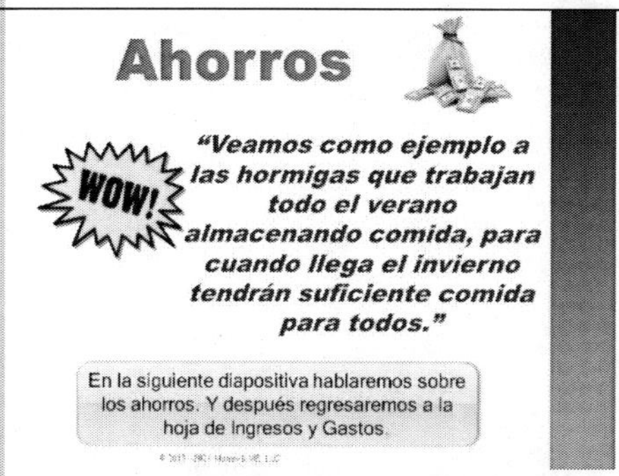

AHORROS

Los AHORROS pueden que sean un tema nuevo para algunos de los participantes. Puede ser un tema delicado.

Diapositiva 27

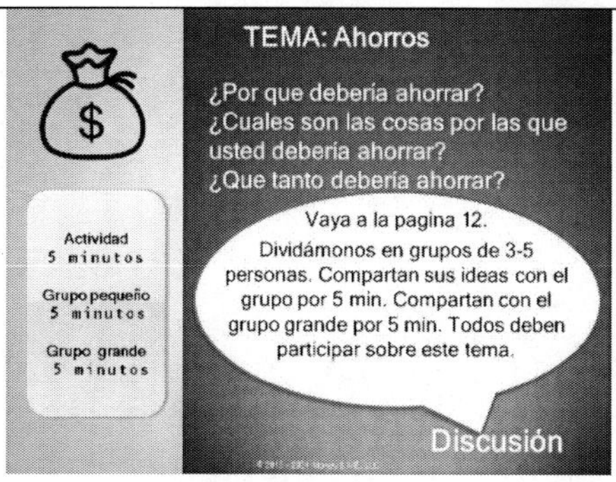

LAS DISCUSIONES EN GRUPO SON LA PARTE MÁS IMPORTANTE DE LOS TALLERES. Los participantes se identificarán con otros y aprenderán más.
Esta es la primera discusión en grupo y no debe ser omitida. Esta discusión es sobre el ahorro y usted (el entrenador) encontrara interesante aprender sobre cuáles son las cosas importantes para ellos. Cada grupo es diferente y usted (el entrenador) aprenderá mucho.
Anime a los participantes a compartir. El entrenador debe estar escuchando.

Diapositiva 28

Ojalá que, durante el tiempo de discusión, los participantes hayan identificados las diferentes emergencias por las que deberían tener un ahorro.

Diapositiva 29

A todos les gusta comprar artículos especiales. Es importante que los participantes ahorren para lo que quieren, en lugar de pedir el dinero prestado. Repase las diferentes cosas que la gente puede ahorrar dinero, para comprarlas después.

Diapositiva 30

Los participantes pueden elegir que es lo importante para ellos y empezar a ahorrar para compras especificas.

Diapositiva 31

Prepare con tiempo una historia personal acerca de cuándo usted fue sorprendido por un gasto asociado con sus hijos. También puede ser el que su hijo pierda un libro muy CARO. Las historias deben ser divertidas y alentadoras NO debe ser acerca de una experiencia traumática.
Entrenador: Piense en una historia de cuando usted era niño que le costo dinero a sus padres, o un gasto sorpresa relacionado con sus propios hijos.

Diapositiva 32

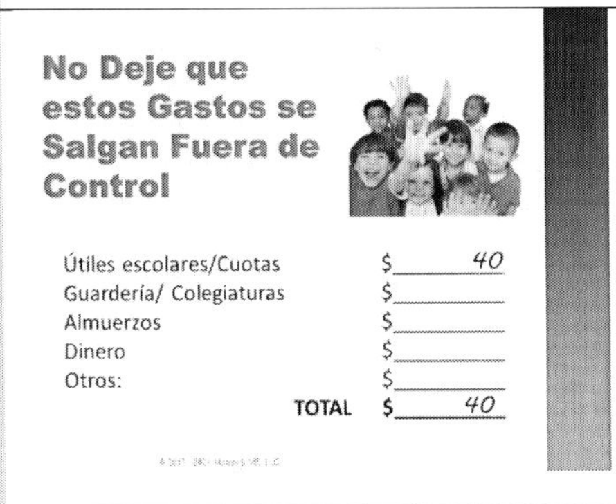

Esta es otra área donde los participantes puede hacer cambios.
RECUERDE: Esto es solo una reseña.

Diapositiva 33

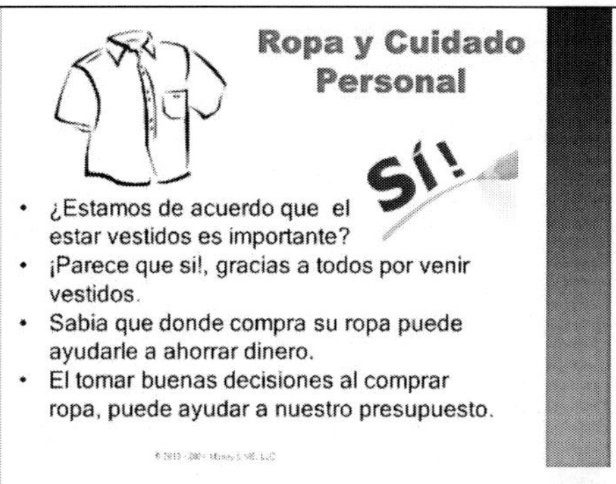

Diviértase con esta diapositiva. Es bueno que los participantes reconozcan que la ropa es importante. Nadie llego desnudo.

Diapositiva 34

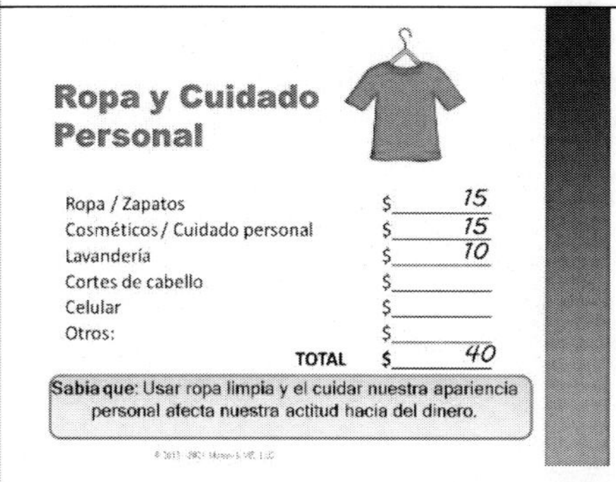

Usar ropa limpia y tener cuidado de nuestra apariencia personal puede afectar nuestra actitud acerca del dinero. Los celulares pueden ponerse en esta área. Si ellos están pagando por los celulares de los hijos, ¿hay algo que los hijos pueden hacer para ganarse este regalo?

Diapositiva 35

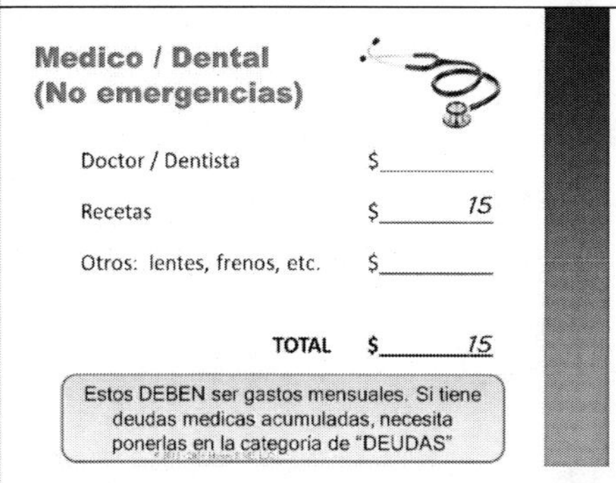

Algunos de los participantes tienen Medicaid y no tiene que pagar en esta área. Otros tal vez no tengan seguro médico y algunos tendrán deudas de hospital/doctores. No necesita tomar mucho tiempo en esta área, solo dese cuenta de que hay gastos en esta categoría.

Diapositiva 36

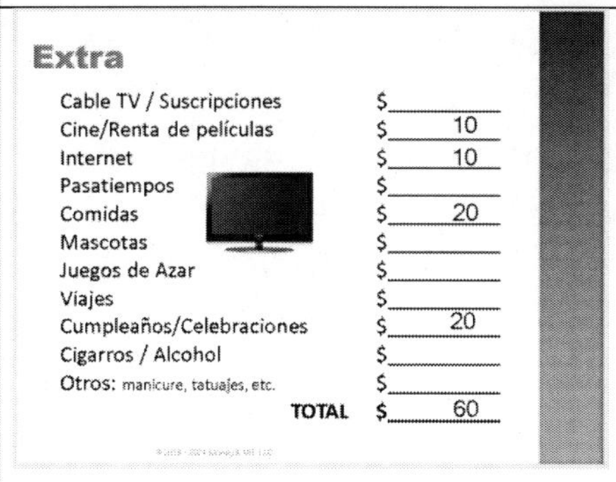

Esta es la última categoría de la hoja de Ingresos y gastos, y es un área donde se pueden hacer MUCHOS cambios. La mayoría de las personas no se dan cuenta cuanto gastan en cosas extras porque no las anotan. Esta es una categoría donde puede tomar tiempo extra durante el taller.

RECUERDE: Esto es solo una reseña.

Diapositiva 37

Cuando los participantes completen esta parte de Ingresos y gastos, se darán cuenta si están viviendo dentro de sus posibilidades o están gastando de más

Diapositiva 38

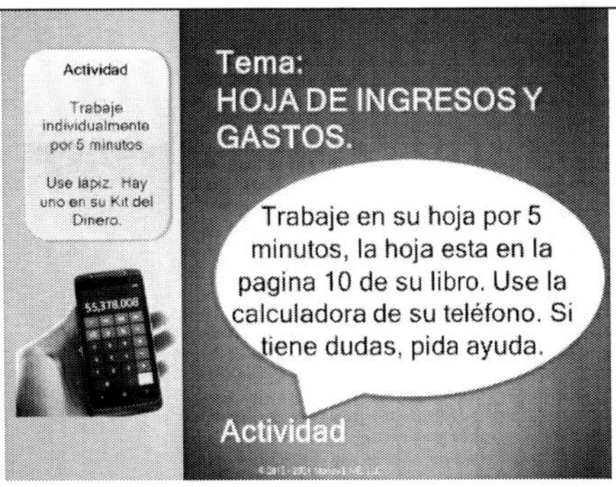

Haga que los participantes trabajen en la hoja de Ingresos y Gastos. Recuérdeles que deben usar el lápiz que esta dentro del Kit del Dinero.
Ahora que calculen sus gastos anuales. Camine alrededor del cuarto y ayude en este proceso. Pídale al grupo que comparta.

Diapositiva 39

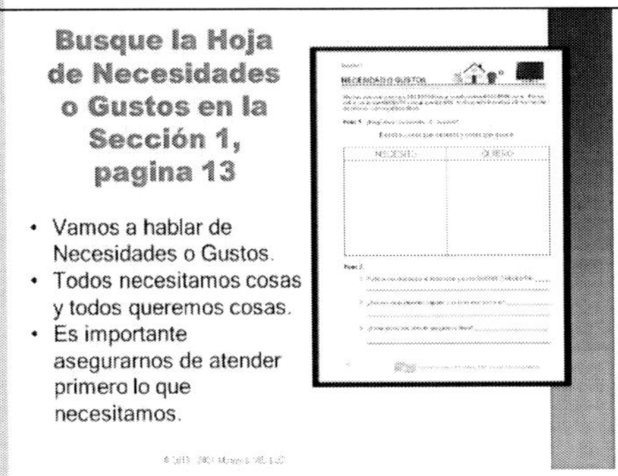

La plática sobre Necesidades o Gustos puede ser muy interesante. Las personas identifican necesidades o gustos de diferente manera.
No les diga que es una necesidad o un gusto. De a los participantes la libertad de platicar acerca de este tema.

Diapositiva 40

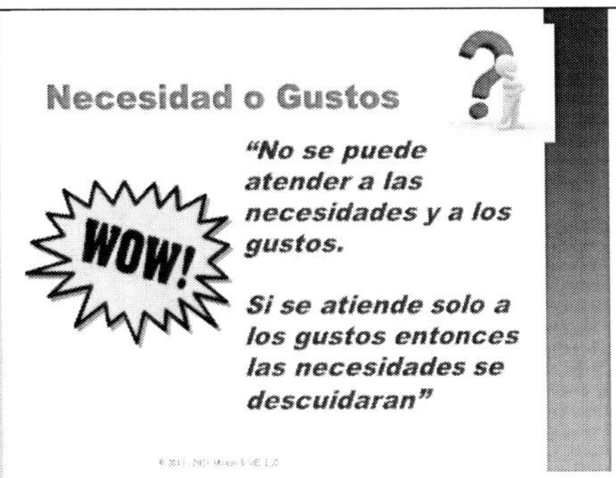

Necesidades o Gustos.

Es imposible para una persona que dedique su tiempo, dinero y energía a dos jefes. Los participantes necesitan reconocer cuales son sus gustos y cuales son sus necesidades.

Diapositiva 41

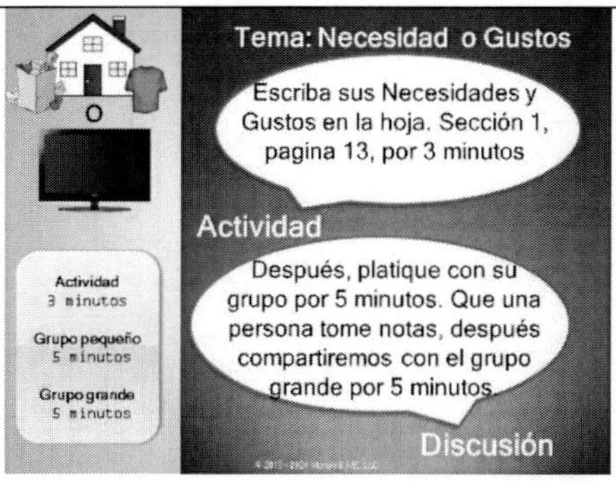

Cuando los participantes realizan la actividad, individualmente, en una discusión en grupos pequeños y luego en una discusión en grupos grandes, ¡han procesado la información TRES VECES! NO se salte las actividades de discusión. Aquí es donde se lleva a cabo el aprendizaje REAL. Anime a los participantes a compartir lo que han aprendido.

Diapositiva 42

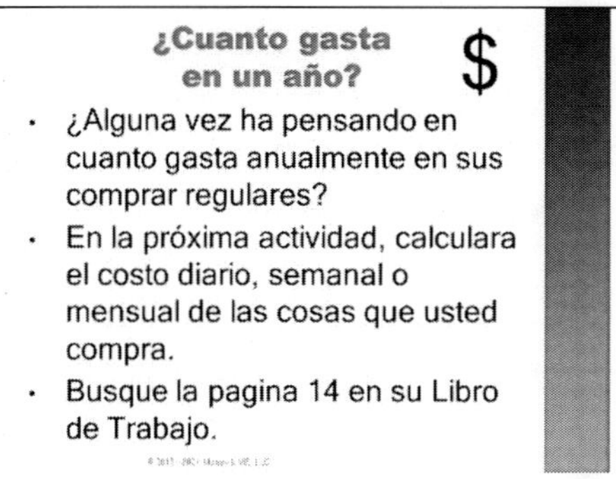

¿Cuanto gasta en un año?

Es muy importante para los participantes el que vean cuanto están gastando anualmente en compras regulares.

Diapositiva 43

Explique la formula para calcular los gastos anuales.
Entrenador: Comparta una historia de algo que compraba regularmente. Pero cuando se dio cuenta lo que estaba gastando anualmente, paro de comprarlo. Le sorprendió cuando realizo esta actividad?

Diapositiva 44

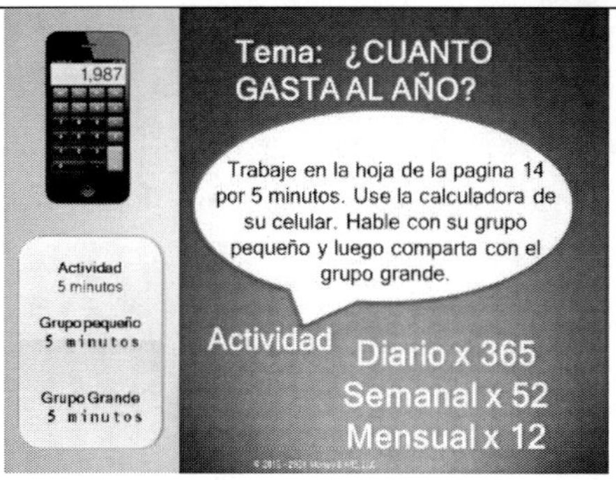

Cuando los participantes realizan la actividad, individualmente, en una discusión en grupos pequeños y luego en una discusión en grupos grandes, ¡han procesado la información TRES VECES! NO se salte las actividades de discusión. Aquí es donde se lleva a cabo el aprendizaje REAL. Anime a los participantes a compartir lo que han aprendido.

Sección 2: Responsibildades

Diapositiva 1

Diapositiva 2

¡Cosas para hacer! Los participantes necesitan identificar cuales son sus responsabilidades y cuales son las responsabilidades de las otras personas. Ser capaz de ocuparse de sus propias responsabilidades, les ayudara a tener un control de sus vidas. Es importante para los participantes que no se distraigan con otras personas que no están tomando enserio sus responsabilidades.

Diapositiva 3

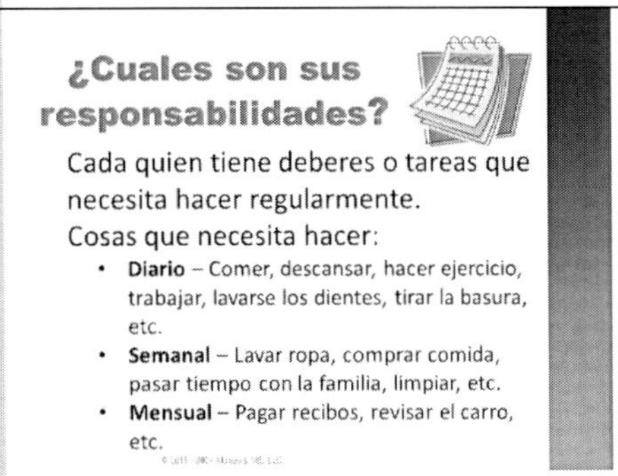

Es importante que los participantes identifiquen sus responsabilidades diarias, semanales y mensuales. Cuando las personas no ponen atención a sus responsabilidades regulares, estas pueden crear una situación difícil. Es importante, no solo identificar sus responsabilidades si no también hacerse cargo de ellas.

Diapositiva 4

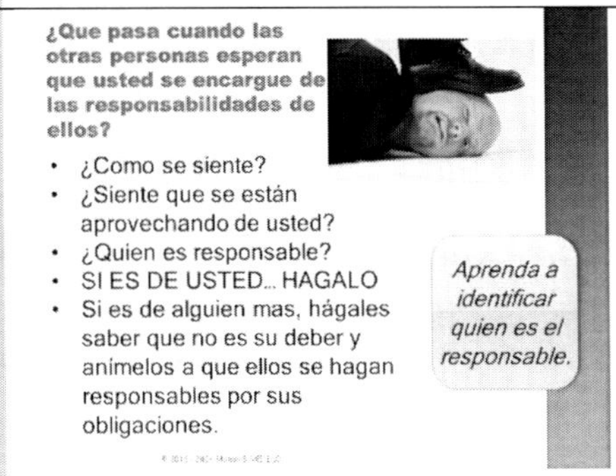

Es importante para las personas identificar si otras personas están tomando ventaja de ellos. Al identificar quien es responsables por las cosas, esto ayudara a las personas a decidir si ellos necesitan ayudar. Esta ayuda establece limites saludables.

Diapositiva 5

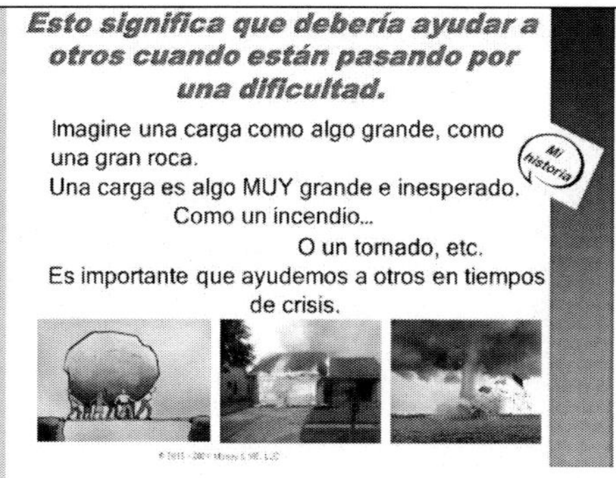

Es importante identificar cuando es apropiado ayudar a otros y cuando debemos dejar que ellos solos se encarguen de sus cosas. Las personas deben ayudar a otros cuando algo esta fuera de control. Podrías perjudicar a las personas al no dejarlas que se encarguen de sus obligaciones.
HISTORIA: Recuerde alguna vez que experimentado una crisis. Tal vez familiar, medica o un desastre natural, etc. Comparta como usted tenia un Sistema de soporte para ayudarle o como se encargo usted mismo de la situación. Enfatice que es bueno tener amistades que la ayuden en tiempos difíciles.

Diapositiva 6

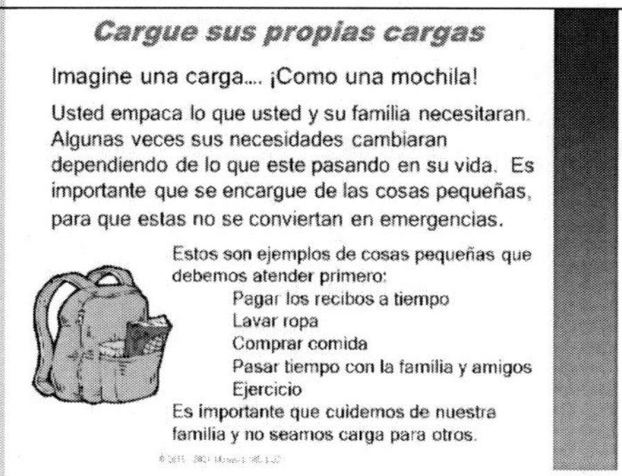

Muchos de los participantes necesitan aprender a identificar sus responsabilidades diarias, semanales y mensuales. No es bueno que ellos esperen que otros hagan las cosas por ellos. Estos conceptos básicos pueden ayudar a los participantes a hacer cambios que impactaran su vida por un buen tiempo.

Diapositiva 7

Una parte importante de poder ayudar a otros cuando necesitan ayuda o recibir ayuda en una emergencia es desarrollando amistades positivas. El programa del Dinero y YO se enfoca en desarrollar amistades, por eso mas adelante tendremos una actividad acerca de este tema.

Diapositiva 8

El buen cuidado dental puede ahorrarles dinero, especialmente en los niños. Las personas que tienen problemas con sus dientes les es mas difícil obtener un trabajo.

Sección 2: Responsabilidades

Diapositiva 9

Es importante para los participantes que tienen carro, aprender mantenimiento básico. Si no se encargan de las cosas pequeñas estas pueden convertirse en gastos mayores. Pregunte a los participantes cuando le costaría si su carro se quedara sin aceite. (MUCHO). Después pregunte cuando les costaría checar el aceite y hacer cambios regulares de aceite.

Diapositiva 10

Cuando la ropa sucia se sale fuera de control, las personas se pueden sentir que sus vidas están fuera de control también. Ayudar a las personas a tomar control de sus deberes les ayudara a ser mas exitosos en sus vidas.

Diapositiva 11

Algunas personas no sabes que hay 5 pasos para lavar la ropa. El saber de este proceso de 5 pasos ayudara a las personas a tomar el control de su ropa sucia.

Diapositiva 12

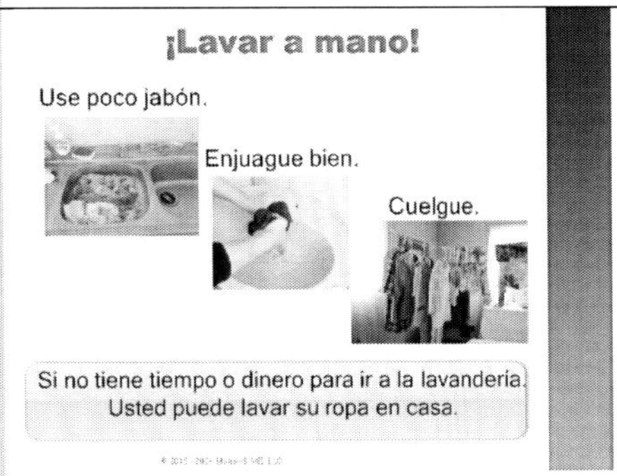

Algunas veces las personas no tienen tiempo o dinero para ir a la lavandería. Ellos pueden lavar su ropa en casa.

Diapositiva 13	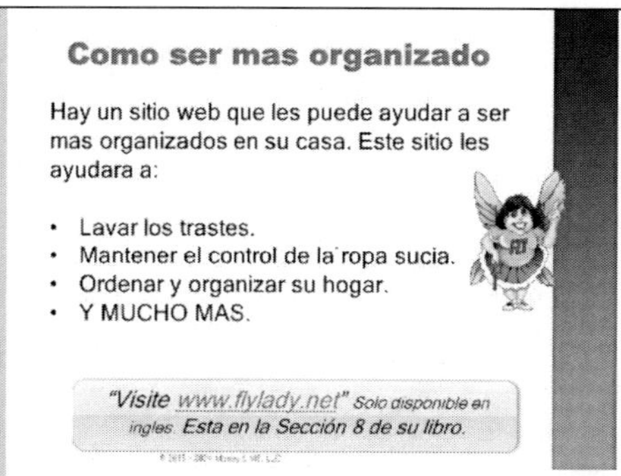	Este sitio web(en ingles) es una herramienta para las personas que necesitan mantener sus casas mas organizadas.
Diapositiva 14		Los funerales son muy caros. Las personas de bajos recursos por lo regular no tienen dinero ahorrado para sus propio funeral. Anímelos a comprar un Seguro de vida para lo inesperado.
Diapositiva 15		Ayudar a otros en lugar de a nosotros mismos. Muchas veces hemos visto como las personas de bajos recursos no tienen suficiente dinero para pagar sus propios recibos. Alguien los puede 'vigilar' para saber cuando reciben dinero. Entonces les pueden engañar diciendo una historia triste con el fin de obtener dinero.
Diapositiva 16	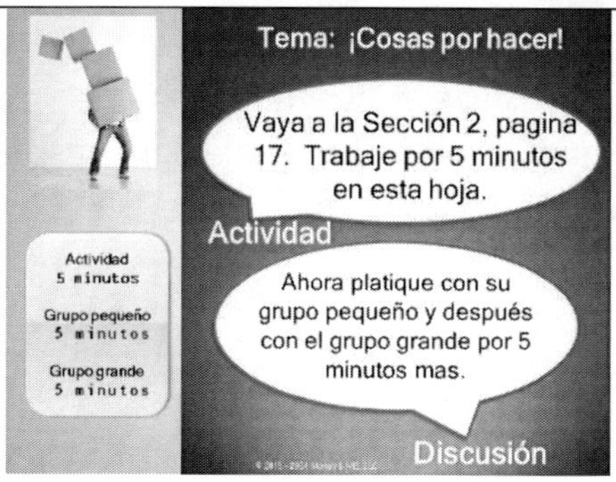	Anime a los participantes a reconocer sus propias cargas. ¿Que pueden hacer para no ser carga para otros? Ayude a los participantes a identificar sus responsabilidades diarias, semanales y mensuales. Algunos ejemplos pueden ser, pagar sus recibos a tiempo, lavar la ropa, limpiar su casa, etc. Cuando no se encargan de sus obligaciones estas se vuelven cargas. Un ejemplo es si no se paga el recibo de la luz, esto causara que le corten la luz. Los participantes necesitan ocuparse diariamente de sus obligaciones para que no sean carga para otros.

<table>
<tr>
<td>Diapositiva 17</td>
<td>
</td>
<td>Recuérdeles a los participantes que hay mas frases sabias (WOW) en la sección 7 de su Libro de Trabajo.</td>
</tr>
<tr>
<td>Diapositiva 18</td>
<td>
</td>
<td>Planee a futuro.
Los participantes que están trabajando NECESITAN desarrollar un plan para enfrentarse con cosas inesperadas. Esto les ayudara a estabilizar sus ingresos. Un factor importante en el trabajo es ser un empleado confiable.</td>
</tr>
<tr>
<td>Diapositiva 19</td>
<td>
</td>
<td>Este es un repaso de un día normal. Recuerde no se distraiga compartiendo otras historias.</td>
</tr>
<tr>
<td>Diapositiva 20</td>
<td>
</td>
<td>Aquí se muestra un día inesperado donde ellos necesitan tener un plan. En la próxima discusión ellos tienen que pensar que harán cuando se les presenta algo inesperado para que no pierdan sus trabajos.</td>
</tr>
</table>

Diapositiva 21

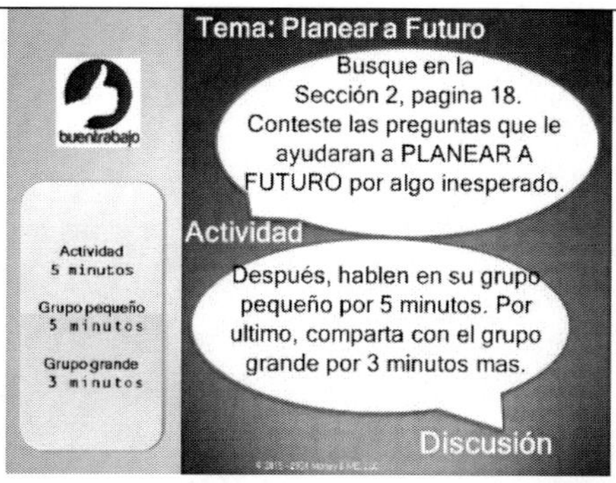

Deje que los participantes empiecen a trabajar con la hoja de Planear a Futuro. Y que compartan con el grupo. Si los participantes no están trabajando, pídales que hablen de como ellos pueden ayudar al que si tiene empleo a mantener su empleo. Pueden cuidar a los niños o ayudar con la transportación, si se necesita. Que bueno es cuando trabajamos juntos para ayudar a otros cuando se necesita.

Diapositiva 22

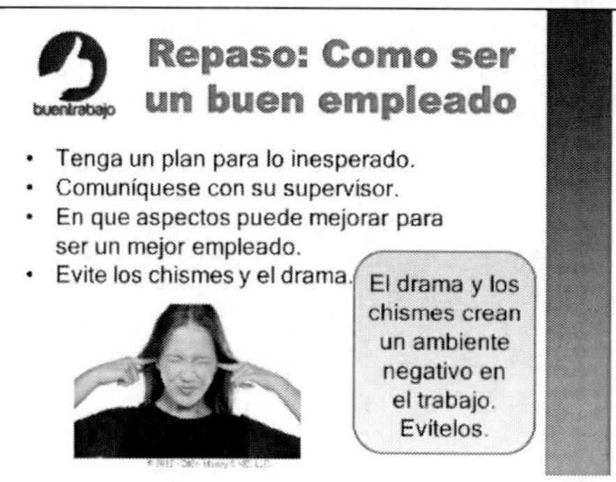

Después de la discusión, se repasarán algunos puntos que deben ser tomados en cuenta. Los chismes son un de los grandes problemas en el lugar de trabajo. Anime a los participantes a evitarlos.

Diapositiva 23

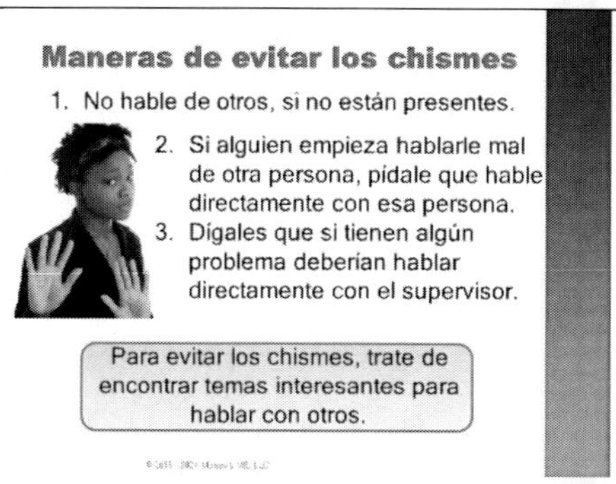

Esta diapositiva les da consejos prácticos para evitar el chisme. El chisme puede ser dañino para las familias y el ambiente laboral. Anime a los participantes en pensar en temas positivos para platicar con otros en lugar de chismear

Diapositiva 24

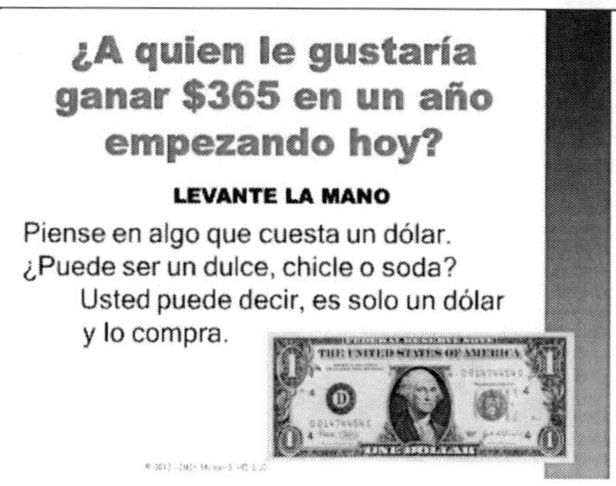

Esta actividad es MUY divertida e impactante. Levante su mano cuando pregunte, "A quien le gustaría tener $365 en un año. Espere a que cada uno levante la mano. Esto es para reforzar los gastos diarios y cuanto le cuesta al año.

Sección 2: Responsabilidades

Diapositiva 25

Esta ilustración lo dice todo. Ellos tendrán $365 dólares si ahorran un dólar cada día.

Diapositiva 26

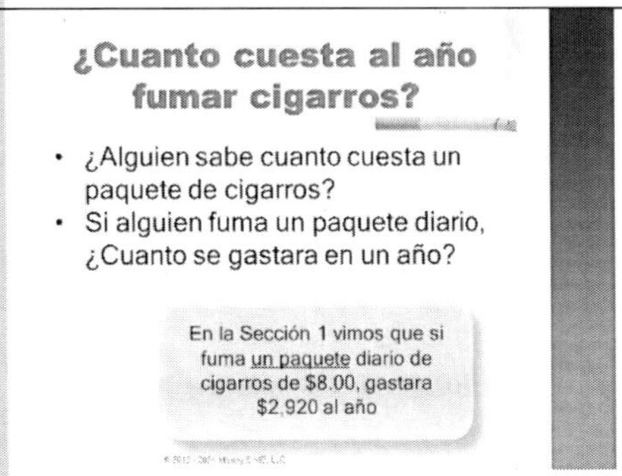

Pregunte a los participantes cuando cuesta una cajetilla de cigarros. NO PREGUNTE, ¿QUIEN FUMA?

Diapositiva 27

Estas estadísticas son de Casino Watch. Visite www.marketoracle.co.uk/Article14128.html

Diapositiva 28

Estas estadísticas son de "Como trabajan las máquinas tragamonedas" de Tom Harris, en el sitio howstuffworks.

Diapositiva 29

Muchos de los participantes piensas que el apostar es la solución a sus problemas de dinero. Ellos no se dan cuentas que las oportunidades de ganar son muy pequeñas. Si ellos conocen a alguien que gano, o si ellos han ganado, ¿Que es lo que hacen con lo ganado? La mayoría de las veces lo vuelven a apostar.

Diapositiva 30

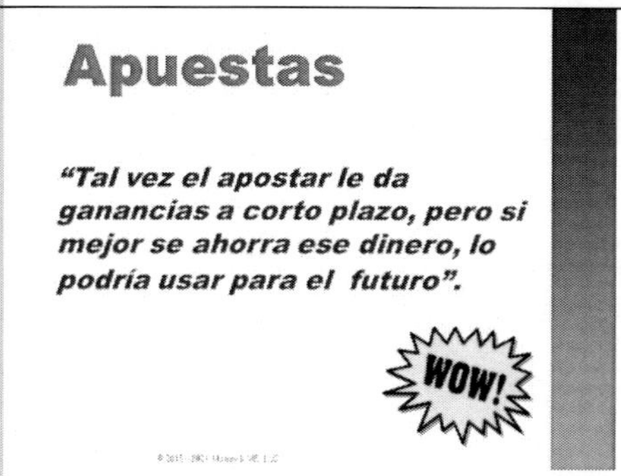

Apostar es muy común en la cultura de personas de bajos ingresos. Queremos que ellos se den cuenta, que están regalando su dinero.

Diapositiva 31

El Dinero y YO no aprueba el apostar. Sin embargo, muchos de los participantes son apostadores. Usted solo los está guiando a darse cuenta en lo mucho que les puede costar. Estamos acostumbrados a ver el apostar como una actividad de entretenimiento y muchos de ellos lo ven como entretenimiento. Sin embargo esto puede convertirse en una adicción.

Diapositiva 32

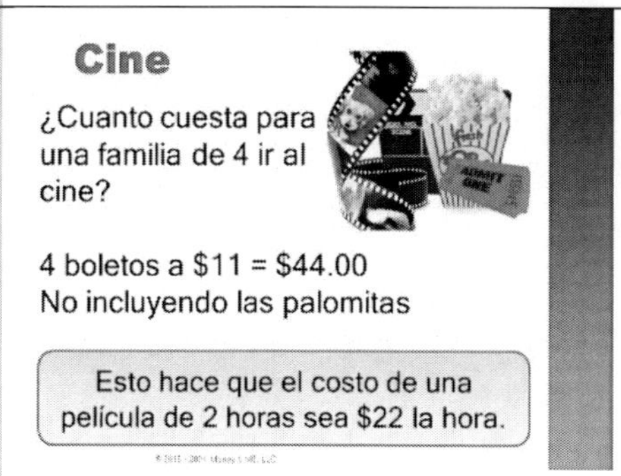

Los costos del entretenimiento pueden incrementarse rápidamente. Esta diapositiva muestra cuando cuesta ir al cine.

Sección 2: Responsabilidades

Diapositiva 33

Esto les dará algunas ideas para ver películas sin gastar mucho dinero.

Diapositiva 34

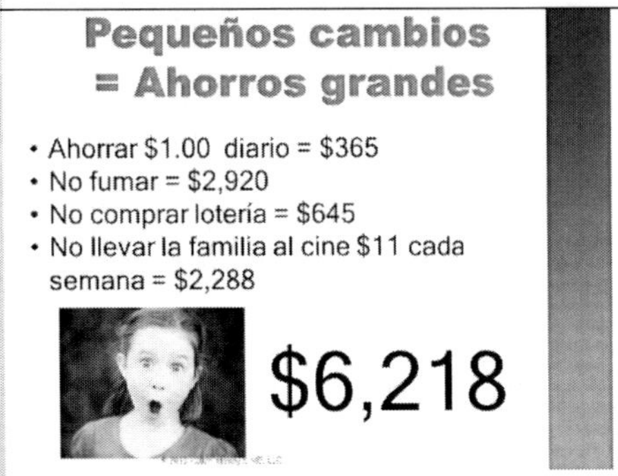

Es bueno para los participantes que vean como pequeños cambios pueden ser igual a un gran ahorro.

Diapositiva 35

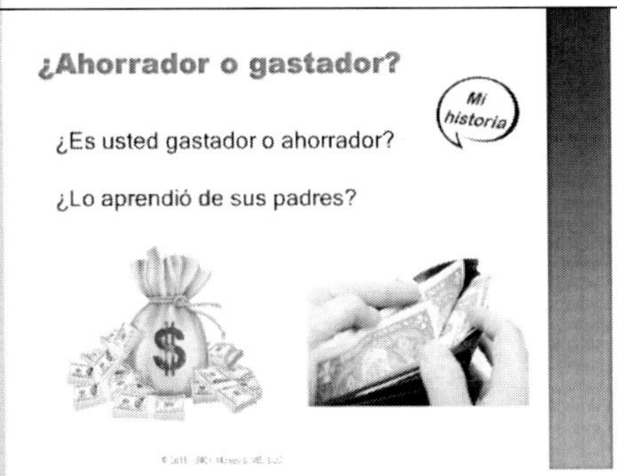

¿Ahorrador o gastador?

El ayudar a las personas a identificar si son ahorradores o gastadores, les ayudara a tener un mejor control de su dinero. Esta actividad les ayudara a recordar como sus padres gastaban el dinero y con quien ellos se identifican. **Historia: Comparta una historia de como sus padres manejaban el dinero o como le enseñaban a manejar el dinero.**

Diapositiva 36

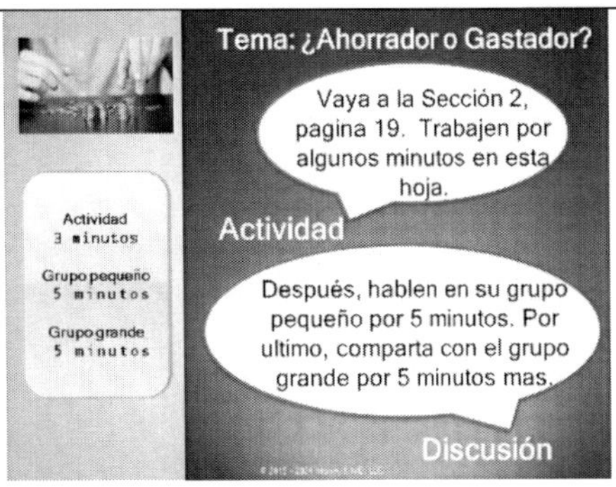

El descubrir como los padres manejaban el dinero les dará una idea de como ellos mismos manejan el dinero. ¿Cual de los padres era el gastador o el ahorrador? ¿Se daban cuenta si habría o no comida para ese día? ¿Siguen viviendo con asistencia del gobierno? Esto va a traer información acerca de su pasado, presente y futuro. Ellos podrían estar en una pobreza generacional.

Diapositiva 37

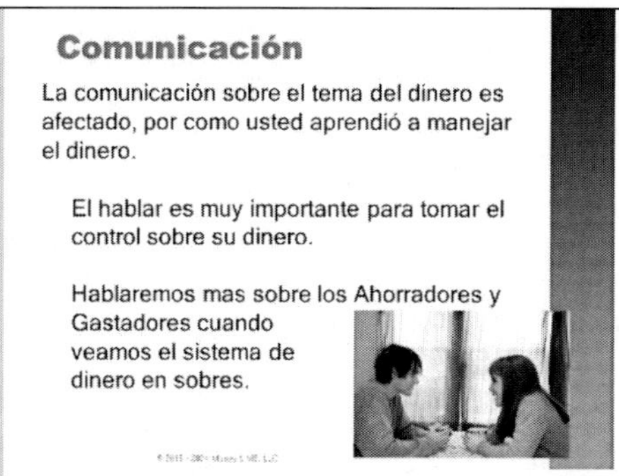

Comunicación

Hablar de como los miembros de la familia gastan el dinero puede ser un tema sensible como también puede ser una GRAN causa de conflicto. Hablaremos mas de este tema en el taller. ESTO ES MUY IMPORTANTE. Recuerde, usted esta enseñando a las familias, y esto puede hacer que las familias se reconcilien.

Diapositiva 38

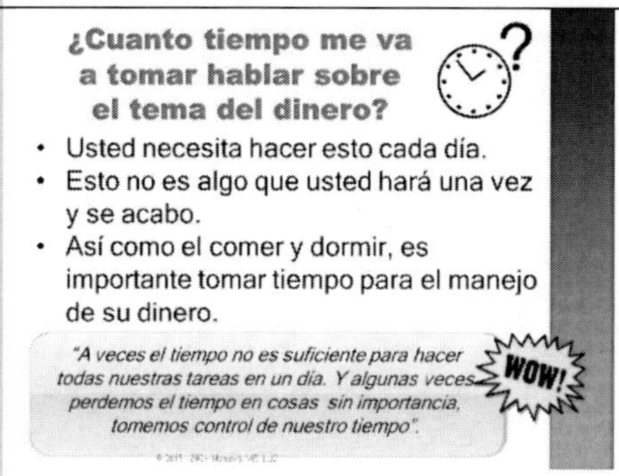

Es importante que los participantes que se den cuenta que el tomar control de su dinero les tomara tiempo. Esto no es algo que se hace una vez y ya. En el taller, hablaremos de escribir sus todos gastos o registrarlos en una aplicación. Completar el calendario de cuando les pagan y cuando se vencen los recibos, también les llevara tiempo. Déjeles saber que vale la pena.

Diapositiva 39

El que las familias y personas solteras puedan comunicarse de manera regular acerca de sus finanzas es crucial. La buena comunicación les ayudara con su plan financiero y a alcanzar metas. Anímelos a mantener una comunicación abierta y no culparse unos a otros. El contar con alguien con quien hablar es algo muy importante ante la cuestión del dinero.

Diapositiva 40

Cambiando Hábitos

Sección 2: Responsabilidades

Diapositiva 41	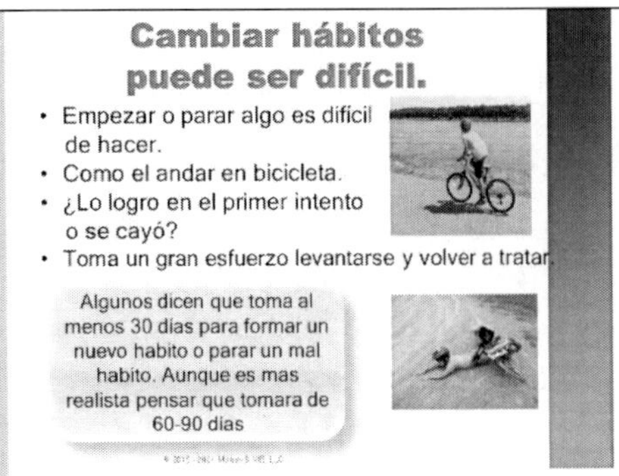	Cambiar hábitos ES muy difícil. Los participantes necesitan entender que, si ellos fallan al principio, deben seguir tratando. Toma hasta 90 días cambiar un hábito.
Diapositiva 42	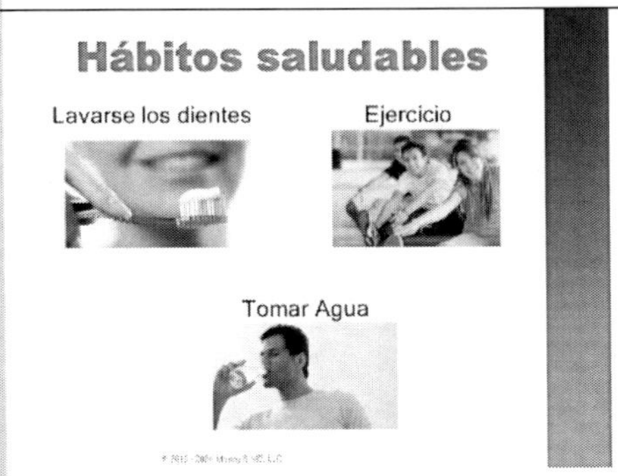	Estas diapositivas son para guiar a la siguiente discusión.
Diapositiva 43		Espere discutir hasta la siguiente actividad.
Diapositiva 44	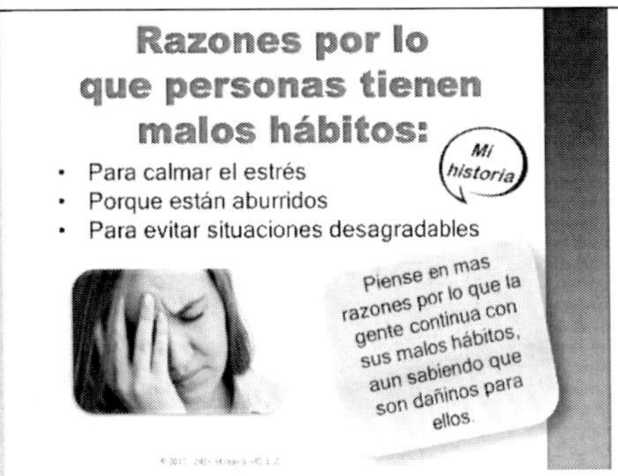	Es importante entender por qué las personas continúan haciendo cosas que no son saludables para ellos. Identificar el "Por qué" les ayudara a hacer cambios. **Historia #5: Piense en un mal hábito que usted tuvo. Cuando se dio cuenta que no era bueno y como lo cambio.**

Diapositiva 45

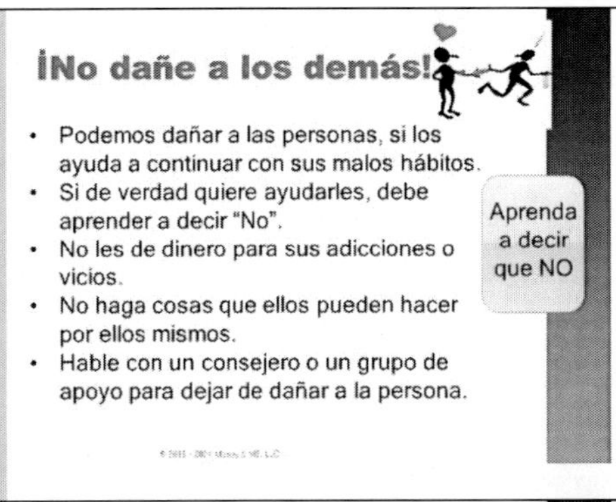

Algunas veces una persona puede dañar a otros, al facilitarles medios para continuar con malas conductas o adicciones. Anímelos a pedir ayudar para parar.

Diapositiva 46

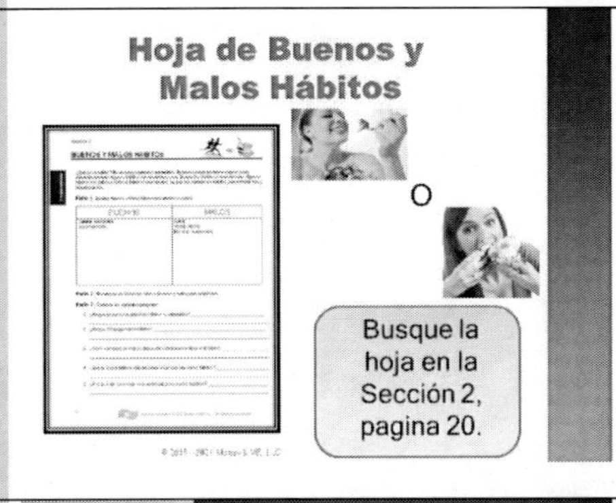

Pida a los participantes que vayan a la Sección 2 de su libro de trabajo y encuentren la hoja de Malos y Buenos hábitos.

Diapositiva 47

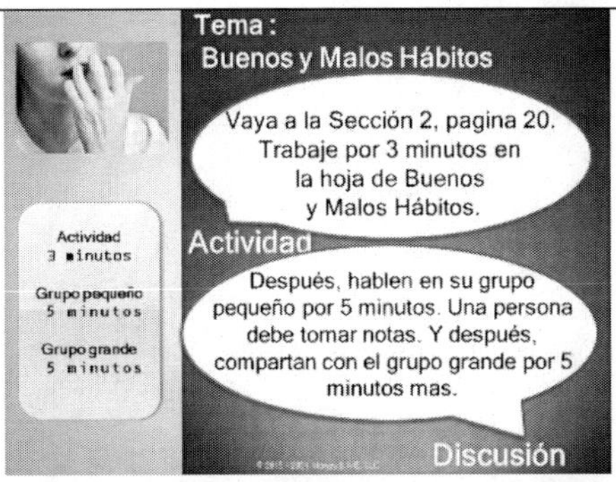

Otra vez, NO se salte las actividades de grupo. Esto es donde la enseñanza real toma lugar. Anime a los participantes a compartir lo que ellos han aprendido. Permita 13 minutos para esta actividad y discusión.

Diapositiva 48

Sección 3: Consejos

Diapositiva 1

Diapositiva 2

Ideas de Comprador Inteligente

El propósito de esta sección en mostrar las diferentes maneras que las personas pueden ahorrar dinero.

Diapositiva 3

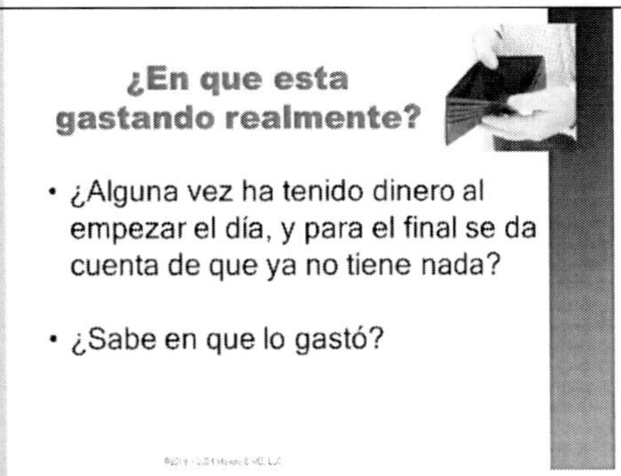

Es muy fácil perder el rastro al dinero. Muchas veces es difícil recordar donde se ha gastado el dinero. Por eso es importante anotar los gastos.

Diapositiva 4

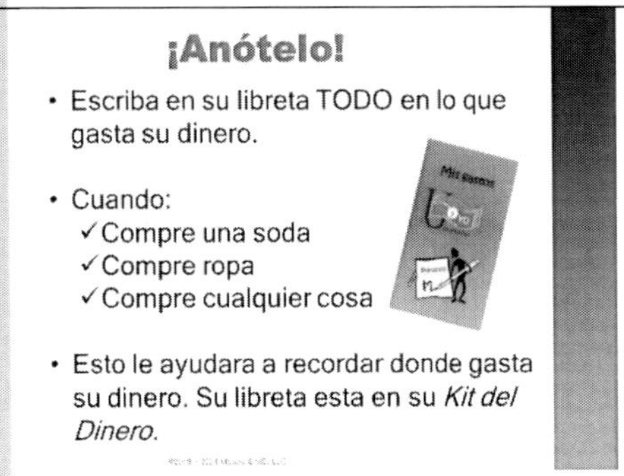

Tome su libreta del su organizador de plástico. Pide a los participantes que busquen sus libretas. Dígales que la libreta es una parte MUY importante para manejar su dinero. Ellos necesitan empezar a escribir TODOS sus gastos en la libreta. Es difícil recordar esto, pero esto les ayudara a saber a dónde va su dinero. Como entrenador, usted debería hacer esto para que pueda hablar de sus propias experiencias.

Diapositiva 5

Hay MUCHAS aplicaciones que las personas pueden usar para ayudarles con sus gastos. Si los participantes tienen un teléfono inteligente (Smartphone), ellos pueden usarlas en lugar de la libreta para anotar sus gastos. Lo importante es que ellos anoten todo lo que gastan.

Diapositiva 6

Hay varias opciones de aplicaciones para que las personas las usen para ayudarlos con sus gastos. Aquí hay tres opciones. Estos se enumeran en la Sección 8 Recursos del Libro de Trabajo de Money & ME.

Diapositiva 7

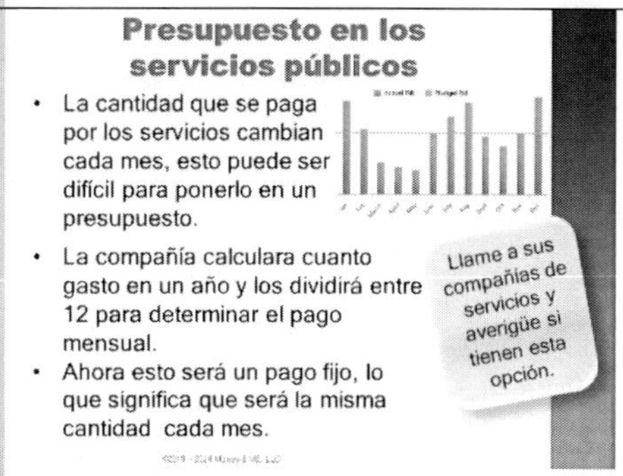

Anime a los participantes a llamar a las compañías de servicios y ver si son elegibles para un presupuesto. Por lo regular serán aceptados si han pagado a tiempo. Esta opción les ayudara a los participantes con su presupuesto en gastos de la casa.

Diapositiva 8

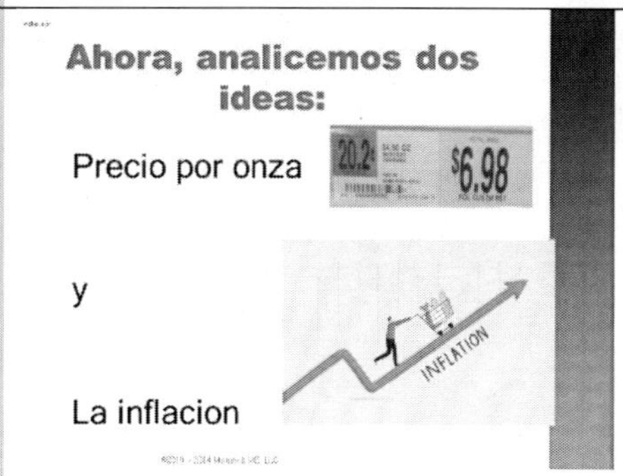

Precio por onza (OZ.)

La educación financiera es la comprensión de los conceptos del dinero. Es importante que los participantes entiendan el precio por onza y la inflación.

Sección 3: Consejos

<table>
<tr>
<td>Diapositiva 9</td>
<td>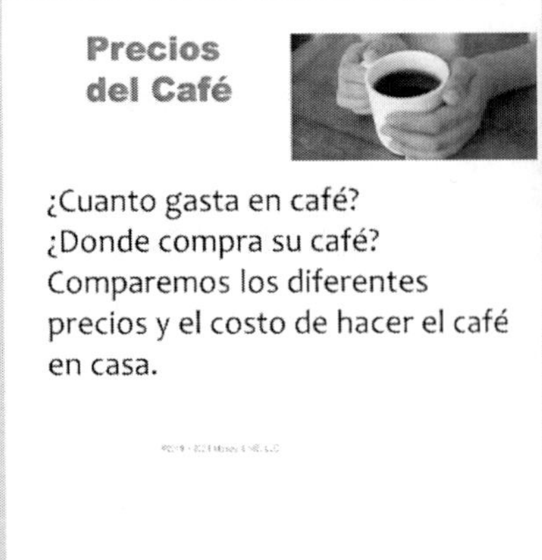
</td>
<td>DIVIÉRTASE con las siguientes diapositivas. Los participantes se animarán y van a querer compartir MUCHAS de sus historias. Usted NECESITA mantener el control de la clase al pasar por estas diapositivas.
Esta información ayudara a ganar la confianza entre el entrenador y los participantes. El romper las barreras de la desconfianza le ayudara a que la clase confié en usted cuando se discutan temas más complicados como el dinero que ellos deben y el plan de pagos.</td>
</tr>
<tr>
<td>Diapositiva 10</td>
<td>
</td>
<td>Sea breve. Los precios son del 2014.</td>
</tr>
<tr>
<td>Diapositiva 11</td>
<td>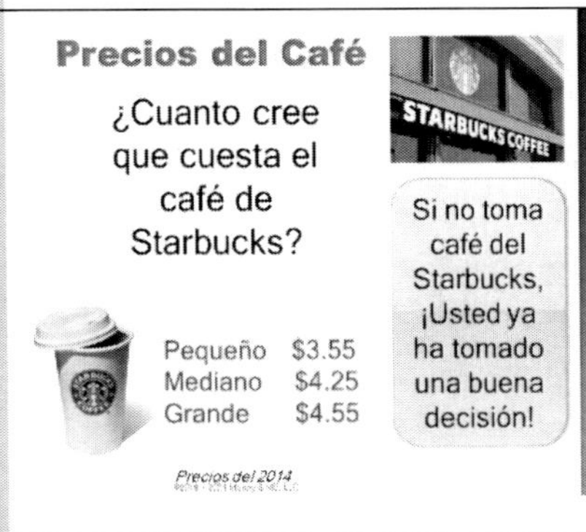
</td>
<td>Sea breve. La mayoría de los participantes NO compran café en Starbucks. Lo importante para ellos es darse cuenta de que ya están tomando decisiones acerca del dinero.
Los precios son de 2014.</td>
</tr>
<tr>
<td>Diapositiva 12</td>
<td>
</td>
<td>Anime a la gente a preparar su propio café en casa para ahorrar dinero.
Los precios son de 2014.</td>
</tr>
</table>

Diapositiva 13

Sea breve. Sera muy divertido para usted como entrenador el ver como 'se les prende el foco' a los participantes cuando empiecen a buscar el 'precio por onza' en lugar del precio total.
Los precios son de 2014.

Diapositiva 14

Aquí hay mas ejemplos de como aumenta el precio por onza.
.

Diapositiva 15

Los participantes empezaran a ver como pueden ahorrar dinero, tan simple como caminar hacia el pasillo de las sodas.
Los precios son de 2014.

Diapositiva 16

Sea breve. Los precios son del 2014.

Sección 3: Consejos

Diapositiva 17

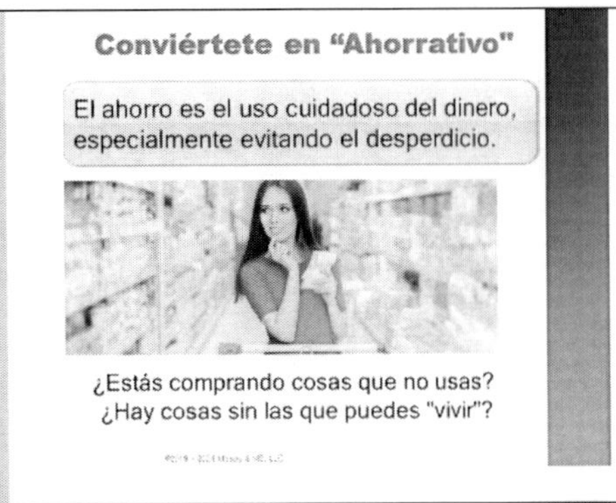

¡Convertirse en "ahorrativo" es una buena meta por la que luchar! Es plantar una idea para que los participantes se esfuercen por conseguirla. ¿Pídeles que piensen en las cosas que están comprando y que no usan? ¿Tiran la comida? ¿Hay prendas de vestir que todavía tienen etiquetas? ¿Cuáles son las cosas que están comprando y de las que pueden "prescindir"?

Diapositiva 18

NOTA: Como autor del programa, traté de mantener el mismo tamaño para determinar los precios. Fue muy sorprendente para mí mirar hacia atrás en las fotos y los precios que tomé en 2014 a 2024. Estoy seguro de que es sorprendente para muchas personas, y es por eso que sentí la necesidad de agregar información sobre la inflación al programa.

Diapositiva 19

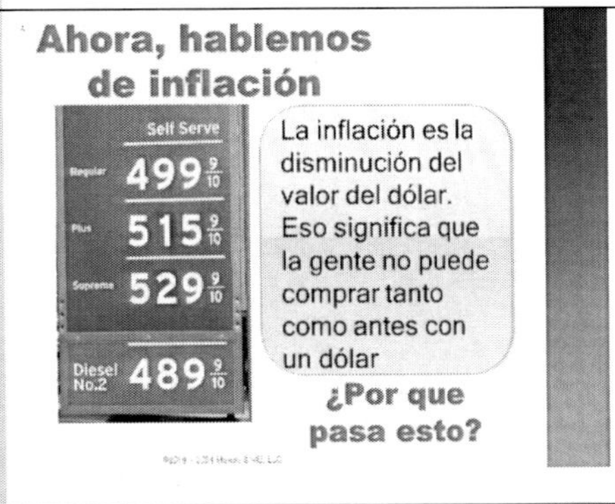

La inflación puede ser confusa. Es difícil entender que el valor de un dólar esté disminuyendo. Eso significa que lo que solía comprar por $ 1.00 ya no es posible.

Diapositiva 20

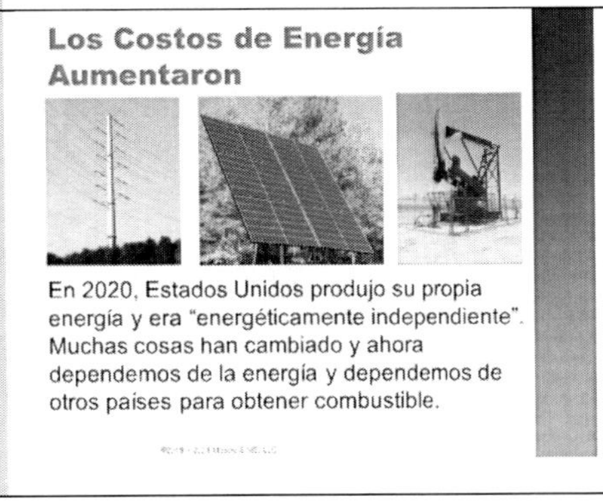

Estados Unidos era energéticamente independiente en 2020 y no dependía de otros países para que nos proporcionaran combustible. Cuando nos volvimos dependientes de la energía, los precios de los combustibles aumentaron.

Diapositiva 21

Es importante que los participantes entiendan que cuando los precios de los combustibles aumentan, todo lo demás también aumentará. Cuando los costos comerciales aumentan, las empresas aumentan sus precios para cubrir el costo del aumento.

Diapositiva 22

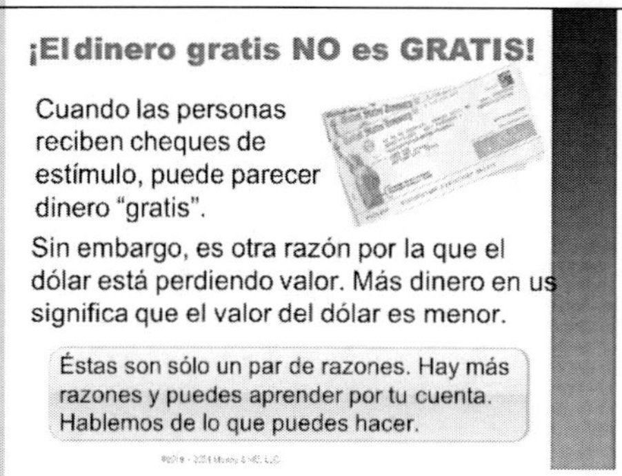

Puede ser emocionante recibir cheques por correo. Sin embargo, cuando el dinero se da libremente, disminuye el valor del dinero. Cuando se gana dinero, esa es otra razón por la que el valor de un dólar disminuye. Esto significa que el costo de los artículos aumentará.

Diapositiva 23

Una participante del Dinero y YO paro de rentar películas y comprar sodas y papitas en la tienda de la esquina. Esta mujer empezó a ahorrar $300 por mes usando las ideas de comprador inteligentemente y tomar mejores decisiones.

Diapositiva 24

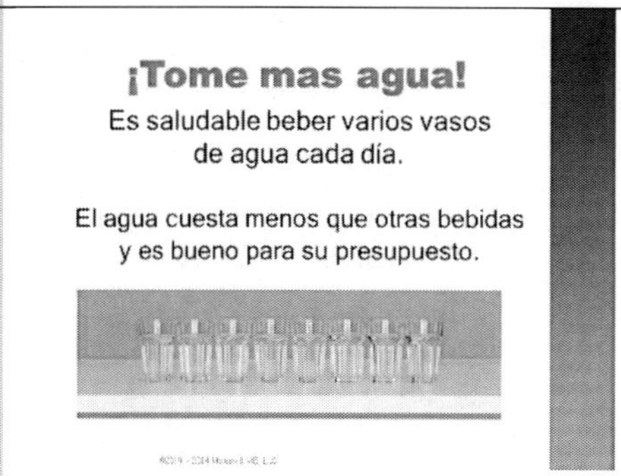

Nota: dependiendo del tamaño de la persona, la cantidad puede variar.

Sección 3: Consejos

Diapositiva 25

Señale: ambos platos contienen porciones pequeñas de alimentos que contienen almidón, porciones grandes de frutas y vegetales y una pequeña porción de carne. Un plato tiene divisiones, el otro es un ejemplo de una comida que ellos pueden hacer. Ambas fotos muestran a los participantes platillos que ellos pueden preparar.

Diapositiva 26

El concepto de comprar los ingredientes y cocinarlos en casa puede que sea algo nuevo para los participantes.

Diapositiva 27

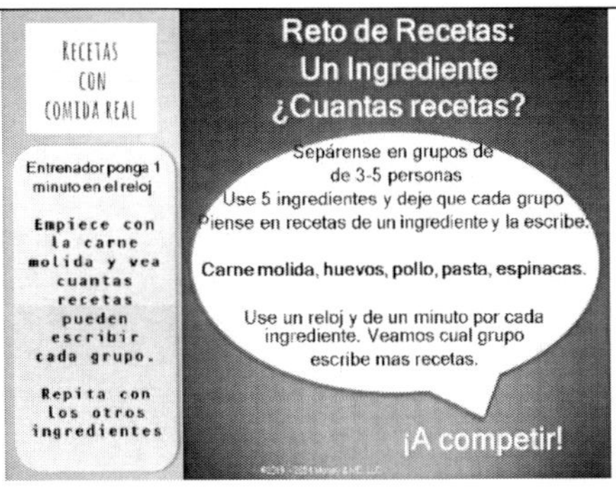

El entrenador debe usar un reloj. Este en un reto divertido para que las personas pienses en diferentes recetas con un ingrediente. Anime a los grupos a escribir sus respuestas. Comparta las ideas de cada ingrediente.

Diapositiva 28

La comida es una forma de fomentar relaciones. Anime a los participantes con familia a que coman juntas. Las personas solteras pueden reunirse con amigos a comer. Cuando las personas se reúnen a comer y cada quien trae un platillo para compartir, es una muy buena idea y elimina la carga a que solo una persona prepare toda la comida.

Algo que se puede hacer por una persona que cumplirá años, se puede decir recuerdos positivos de esa persona y compartirlos durante la celebración.

Diapositiva 29

Preparar comida / Cocinando en casa.

Es importante para ellos que empiecen a planear las comidas de la semana, para que solo vayan una vez por semana a la tienda.

Diapositiva 30

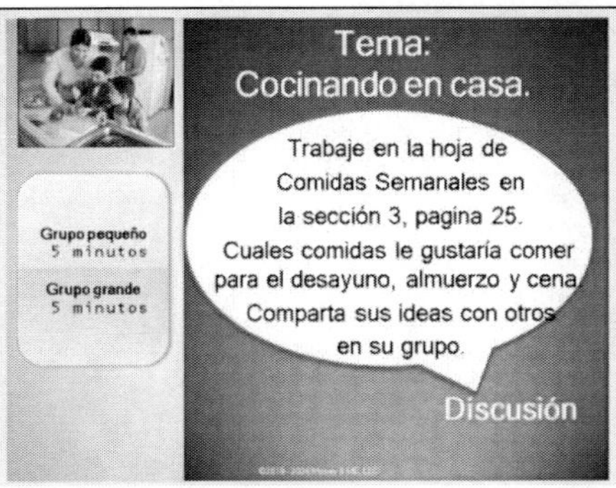

El planear las comidas es diseñado a ser una plática no agresiva, especialmente para las familias que están tratando de mejorar la comunicación. Esta plática permitirá a los participantes a que aprendan uno de otros y construir un puente que les permitirá hablar acerca de los temas que se hablaran en el taller.
Este es un buen momento para tomar un descanso de 5 minutos.

Diapositiva 31

Estas diapositivas generan discusiones divertidas. Recuerde que necesita mantener el control de la clase y ESTE ATENTO DEL TIEMPO cuando se comparten las ideas.

Diapositiva 32

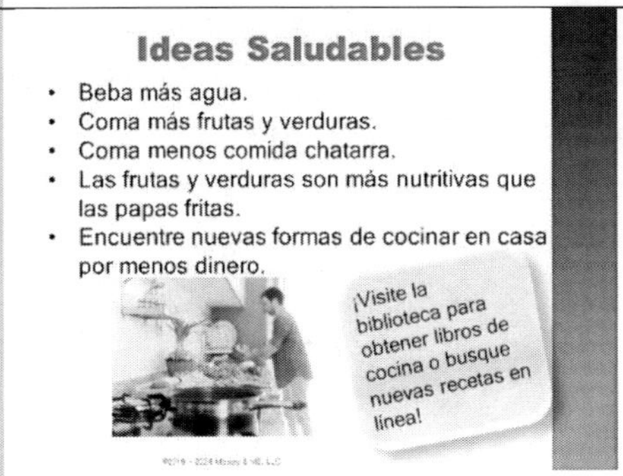

Cuando los participantes beban más agua y coman más frutas y verduras, estarán más saludables. También es bueno para su presupuesto. Anime a los participantes a visitar la biblioteca o buscar nuevas recetas en línea.

Sección 3: Consejos

Diapositiva 33

Es importante hacer ejercicio, pero no tiene por qué costar mucho. Anime a los participantes a pensar en actividades de ejercicio gratuitas o de bajo costo.

Diapositiva 34

Hay buenos precios en ropa y otras cosas en las tiendas de segunda, a fracción del costo en una tienda departamental.

Diapositiva 35

Hay dos sitios webs para personas que batallan con su vestuario.
Uno es Missussmartypants.com (disponibles solo en ingles) y el otro es Pinterest.com.

Diapositiva 36

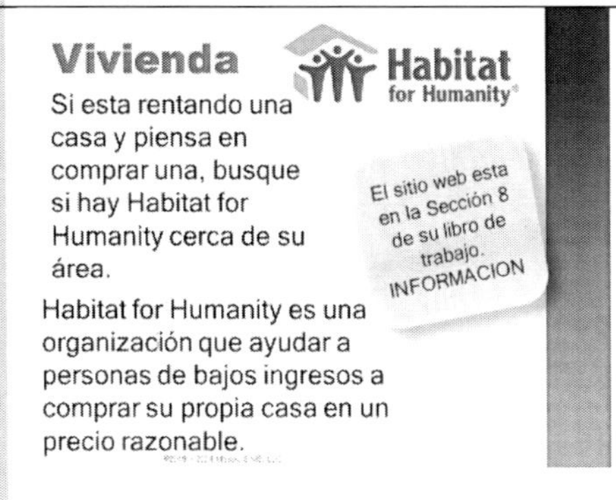

Habitat for Humanity es una organización sin fines de lucro que ayuda a las personas de bajos ingresos a comprar casa. Anime a los participantes que les interesaría a llamar. En Albuquerque los participantes pueden tener una casa de 3 recamaras, 2 baños y cochera para 2 carros por aproximadamente $450 dólares al mes de pago de hipoteca.

Diapositiva 37

Esto va a ser algo difícil de oír para algunos participantes. Algunos no tienen seguro y esto les recordara que deben hacer algo que no están haciendo. Esto podría ser una meta a futuro.

Diapositiva 38

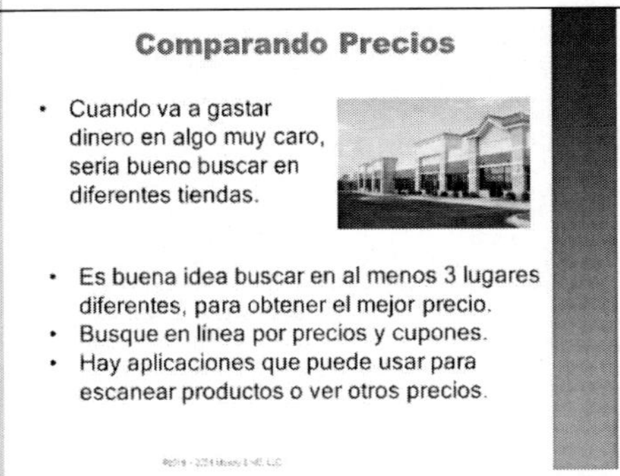

Anime a los participantes a buscar diferentes precios. Ellos pueden elegir donde comprar y cuanto quieren gastar.

Diapositiva 39

Muchas tiendas tienes precios diferentes en línea de los de la misma tienda. Best Buy es un ejemplo. Anime a los participantes a buscar precios en línea antes de gastar su dinero.

Diapositiva 40

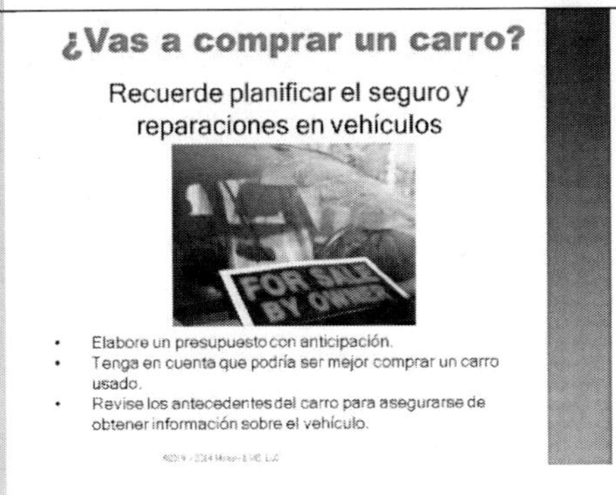

Hay costos adicionales al comprar un vehículo. Esto incluye el seguro y el mantenimiento de los vehículos. Es importante recordar eso cuando se mira cuánto puede gastar una persona en un vehículo. También es importante revisar el vehículo con anticipación para conocer la historia del vehículo

Sección 3: Consejos

Diapositiva 41

Porque los funerales son un tiempo muy difícil, las funerarias pueden mostrarle las opciones mas caras. Es importante que los participantes entiendan que ellos tienen opciones. No tiene nada de malo preguntar por otras opciones o ver otras funerarias.

Diapositiva 42

Aquí hay más ideas de cómo ahorrar dinero. Pregunte a los participantes si conocen Craiglist donde pueden comprar artículos a bajo precio. Muchas veces las personas de bajos ingresos compra de las tiendas donde rentas para comprar y están gastando mucho dinero.

Diapositiva 43

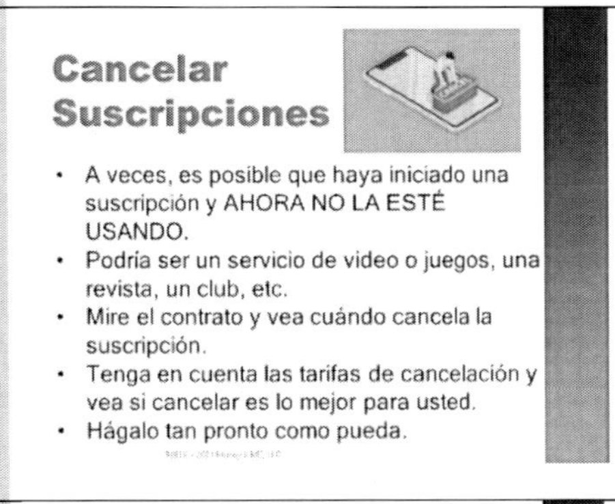

Es muy común tener suscripciones de TV, videos, juegos, periódicos, revistas, etc. Esto realmente puede afectar el presupuesto de una persona. Pida a los participantes que cancelen las suscripciones que ya no usan.

Diapositiva 44

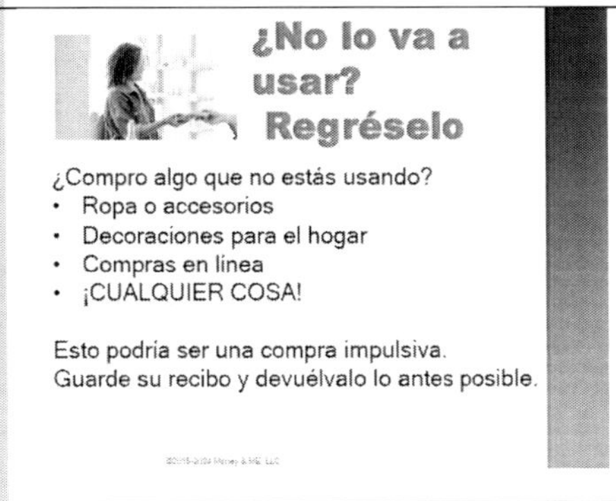

Muchas veces la gente hace compras impulsivas. Si lo pueden devolver, ¡pueden ahorrar dinero!

Diapositiva 45

Las facturas de teléfono celular pueden ser muy costosas. Si una persona tiene su propio teléfono, puede cambiar a un nuevo plan y ahorrar cientos de dólares al año.

Diapositiva 46

Prepare sus Productos de Limpieza

Ingredientes: Hay tres ingredientes que los participantes pueden comprar con sus estampillas para preparar sus productos de limpieza. Esos son jugo de limón amarillo, vinagre blanco y bicarbonato de sodio. Las recetas para hacer productos de limpieza caseros están en la sección 3 de su Libro de Trabajo.

Diapositiva 47

Aliente a los participantes a pensar más allá. Anímelos a pensar en nuevas ideas para ahorrar dinero, como el hacer su propio jabón para ropa. Lavar la ropa puede ser caro, tanto que algunas personas prefieren comprar ropa que lavarla.

Diapositiva 48

Los participantes que reciben estampillas de comida no pueden comprar productos de limpieza con las estampillas. Sin embargo, ellos pueden comprar los ingredientes para hacer sus propios productos de limpieza.

Diapositiva 49

Este es un consejo simple y practico. Anime a los participantes a buscar en su casa otras cosas que pueden cortar a la mitad para ahorrar dinero.

Diapositiva 50

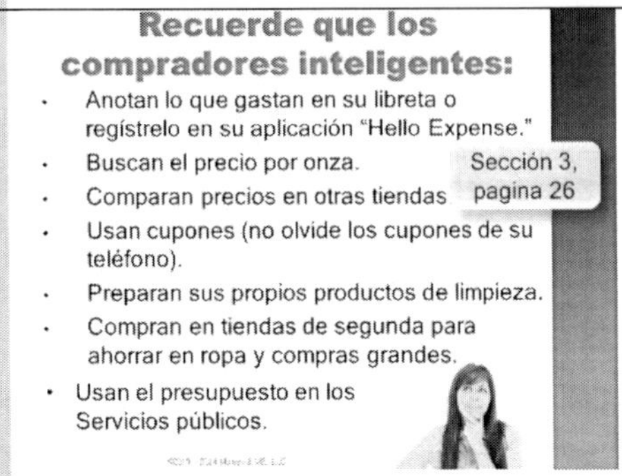

Eso es un repaso, sea breve.

Diapositiva 51

Los Sentimientos Afectan al Gastar

Los sentimientos DEFINITIVAMENTE afectan los hábitos de compras y es importante que los participantes entiendan esto. Ellos pueden empezar a darse cuenta que ellos están gastando el dinero a causa de como ellos se sienten.

Diapositiva 52

El sentirse feliz por algún acontecimiento puede causar que la gente gaste mas dinero. Los participantes deberían tener un presupuesto para las celebraciones para evitar que gasten de mas.

Diapositiva 53

Los participantes deben pensar acerca de su relación con el dinero.

Diapositiva 54

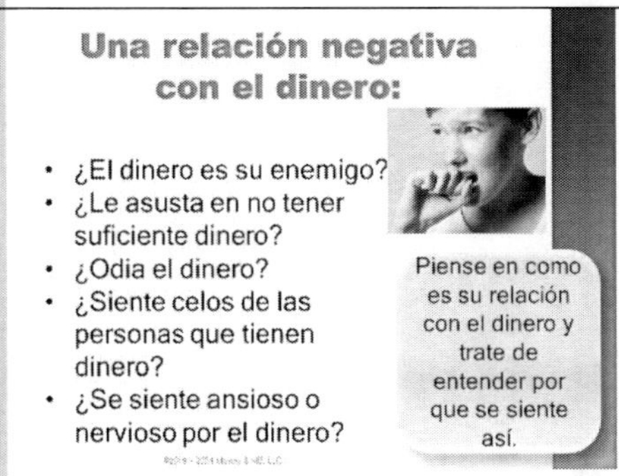

Muchas personas tienen sentimientos negativos acerca del dinero. Ellos necesitas aprender a identificar esos sentimientos.

Diapositiva 55

Las personas pueden tener una relación positiva con el dinero. Es importante identificar las emociones relacionadas con el gasto y ahorro del dinero.

Diapositiva 56

Es importante para los participantes que se den cuenta que pueden estar gastando dinero por causa de sus emociones o malos hábitos. En la Sección 6 hay actividades que les ayudaran a cambiar sus hábitos. También hay una lista de actividades que pueden hacer gratis o con poco dinero. Esta lista es útil para las personas que gastan dinero cuando están aburridas.

Sección 3: Consejos

Diapositiva 57

Déjeles saber que ellos fueron creados para cosas buenas.

Diapositiva 58

Esta diapositiva les mostrara como la gente que gasta mas de lo que gana son menos felices, que los que gastan menos de lo que ganan.

Diapositiva 59

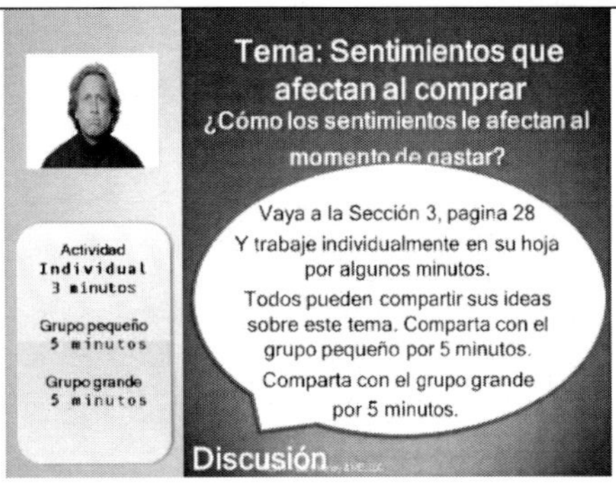

Estas preguntas son una manera de ayudar a las personas a recordar como cuando ellos eran niños se ganaban el dinero. Ahora los participantes pueden animar a sus hijos a hacer lo mismo. A este punto los participantes han desarrollado una amistad, a través de las discusiones, al darse cuenta cuanto conocimiento tienen.

Diapositiva 60

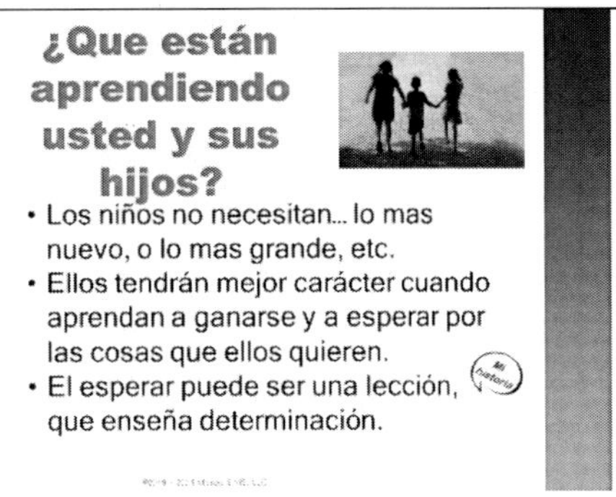

Enseñe a sus hijos

Vea nuestra sociedad. Las personas han desarrollado un modo de pensar donde creen que tiene derecho a todo lo que ellos quieran. Ellos esperan que les den todo. Para romper este ciclo, se puede presentar el concepto de NO darles a los hijos todo lo nuevo, grande, etc. Al esperar, ellos pueden aprender paciencia y determinación. **Historia del Entrenador: Comparta una historia de como usted de niño ganaba dinero extra. Sea breve.**

Diapositiva 61

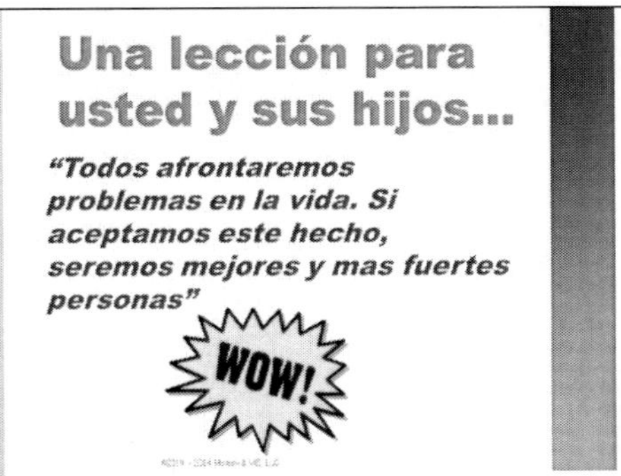

Es bueno para nuestros hijos tener pequeñas pruebas y trabajar para resolverlas les ayudara a enfrentar los problemas en la vida.

Diapositiva 62

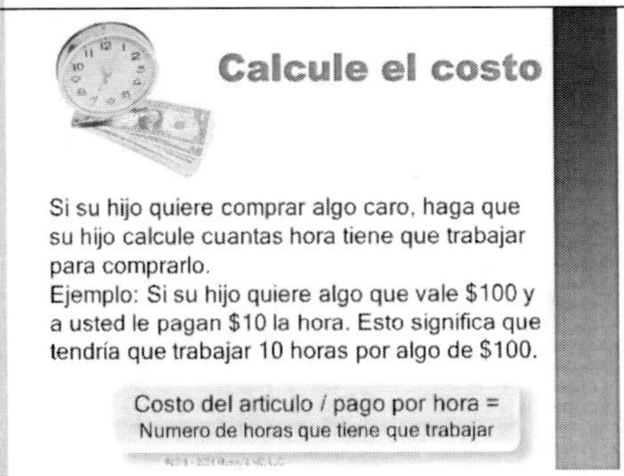

Es importante para los hijos saber que tan duro tienen que trabajar los padres para comprarles cosas. Al hacer los cálculos les ayudara a darse cuenta de el valor de las cosas

Diapositiva 63

Cuando los hijos ganan dinero para las cosas que ellos quieren, las apreciaran mas y tal vez tendrán una mejor ética de trabajo. El ayudar a sus hijos a tomar sus propias responsabilidades, debe ser alentador para los participantes.

Diapositiva 64

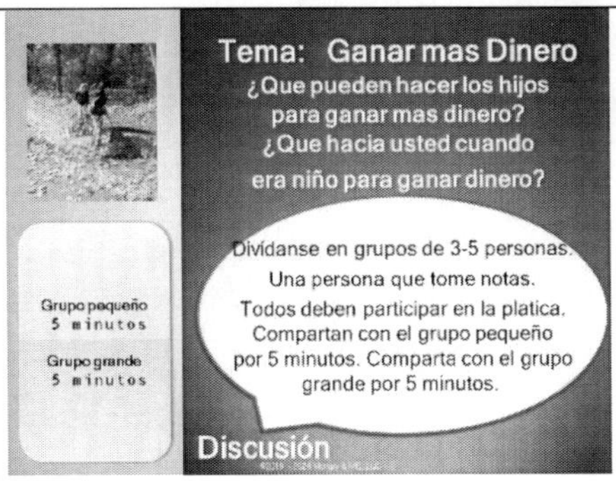

Estas preguntas son una gran idea de como ayudar a la gente a recordar como ellos ganaban dinero cuando eran niños. Ahora los participantes pueden animar sus hijos a que hagan lo mismo. La confianza ha estado creciendo entre los participantes, a través de las discusiones, ahora ellos se dan cuenta cuando saben.

Sección 3: Consejos

Diapositiva 65

Ayude a compartir el éxito. Si esta comprando inteligentemente, no comprando soda o haciendo comparaciones al comprar, pida a la gente que comparta sus logros.

Sección 4: Deudas

Diapositiva 1

Diapositiva 2

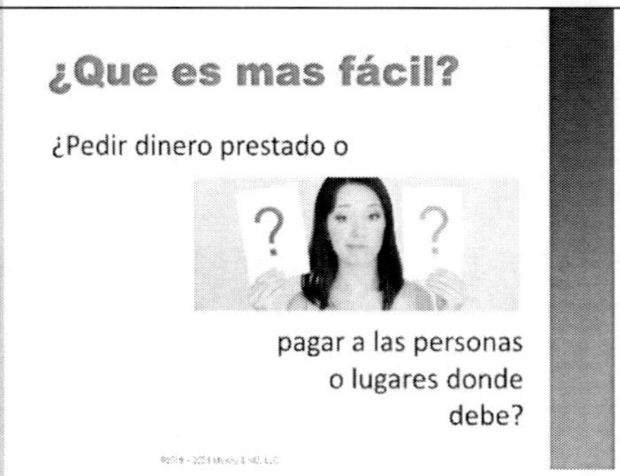

Es importante para los participantes que entiendan lo fácil que es pedir prestado y lo difícil que es pagar.

Diapositiva 3

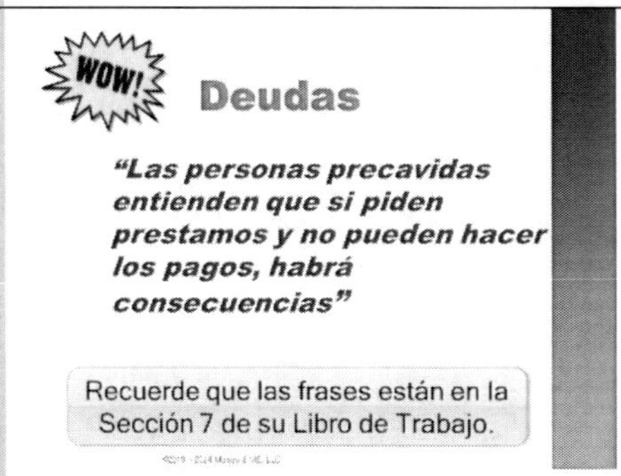

Recuerde a los participantes que hay más frases en la sección 7 de su libro de trabajo.
Algunas veces los participantes firman como avales por alguien mas. Puede que los beneficie a ellos o a alguien que ellos conocen. Es importante para ellos que sean muy cuidadosos al ser aval de alguien mas, aunque sea un miembro de la familia. Si la persona avala una deuda y esta no es pagada, la persona podría perder su propia casa, carros, etc.

Diapositiva 4

El deber dinero es una carga y puede sentirse como un gran peso sobre sus hombros. Esta diapositiva muestra cómo se siente.

Sección 4: Deudas

Diapositiva 5

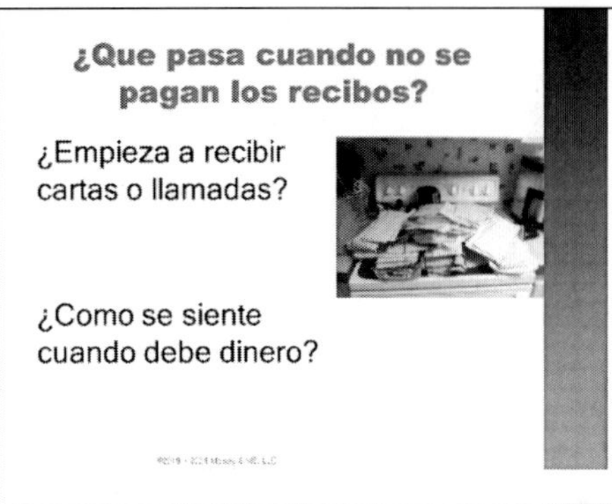

Deber dinero no es bueno. Pero hay esperanza. Déjeles saber que hablaremos de un plan para ayudarles. Pagar las deudas no será rápido. Sin embargo, funcionara si se apegan al plan.

Diapositiva 6

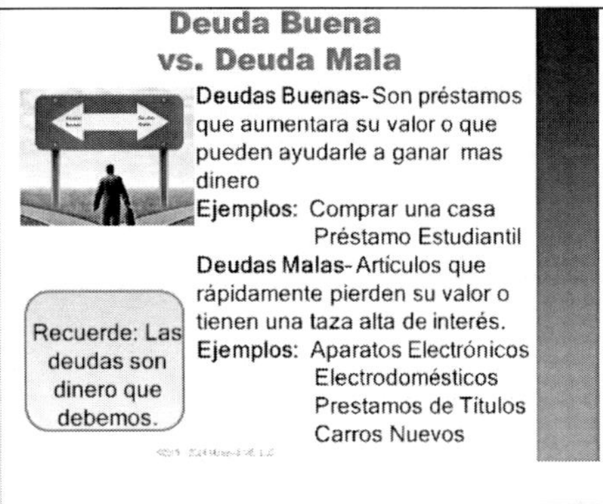

Las deudas en aparatos electrónicos, muebles, etc., NO es buena idea. Como entrenador usted NO debe animarlos a endeudarse. Sin embargo, vale la pena mencionar los préstamos estudiantiles. Si regresan a la escuela, un préstamo estudiantil puede ser una opción para cubrir los gastos de educación. Recuérdeles que deben buscar otras opciones de ayuda financiera para pagar la escuela.

Diapositiva 7

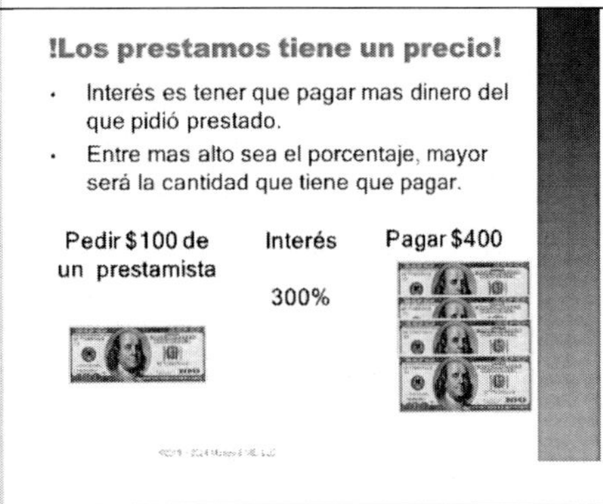

Es sorprendente cuantas personas no entienden que es el interés. Algunos tienen vergüenza de preguntar, "¿Que es el interés?", así que solo firman los papeles de préstamos porque no quiere verse tontos.

NO haga una discusión larga acerca del interés. ¡Déjelo simple!

Todos los participantes necesitan saber que ellos están pagando más dinero del que pidieron prestado.

Diapositiva 8

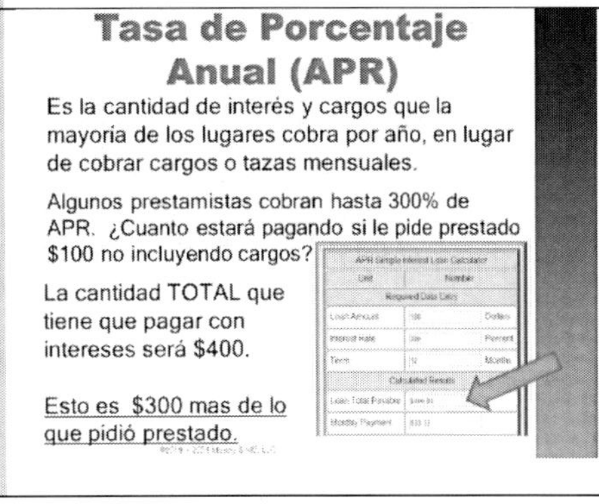

Este es un tecnicismo del Dinero y YO, lo veremos después. Manténgalo breve. Si los participantes tienen preguntas, anímelos a que se registren para una sesión de seguimiento. Las preguntas empezaran a confundir a las personas.

Diapositiva 9

Muchos participantes no se dan cuenta de cuánto dinero alguien más está recibiendo través del interés. Esto puede impactar a alguno de ellos. Dándose cuenta de cuando ellos deben pagar pueden ayudarles a tomar mejores decisiones en el futuro.

Diapositiva 10

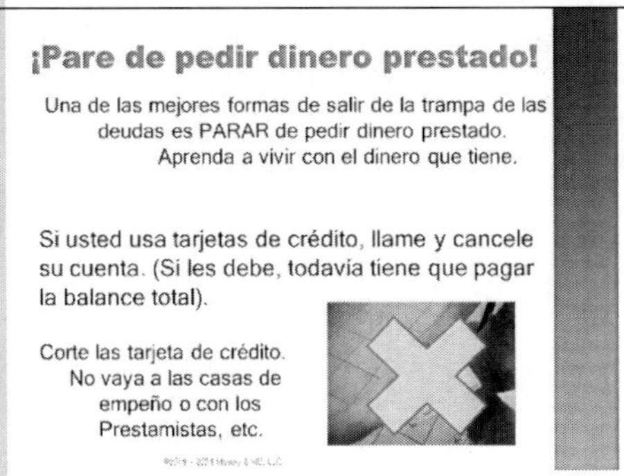

En medio de la clase decimos, paren de pedir prestado. Sin embargo, la mayoría de nuestros participantes no tienen tarjetas de crédito o préstamos bancarios. Ellos van a las casas de empeño y prestamos por títulos de carros, etc. Ellos necesitan parar esta actividad y romper con el ciclo de pedir dinero prestado. Recuérdeles la mochila. Cada persona deber cargar sus propias cargas y ellos no deben convertirse en carga para otros.

Diapositiva 11

Tal vez los participantes NO podrán pagar los cargos extras. Hable de la importancia de pagar los recibos a TIEMPO. Aun, si solo es una porción de lo que se debe. Ejemplo de pagos por demora: compañía de servicios, médicos, préstamos estudiantiles, etc.

Diapositiva 12

La carga de deber dinero es muy estresante y puede convertirse en problemas de salud. El tener un plan para pagar las deudas les ayudara a aliviar el estrés.

Diapositiva 13

Lista de Deudas

Esta diapositiva de transición es para completar la Lista de Dinero que se debe y hacer un plan de pagos.

Diapositiva 14

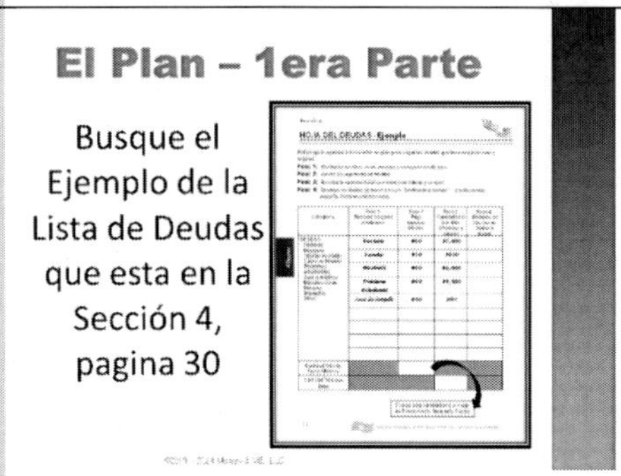

Haga que los participantes vayan al ejemplo de la hoja de deudas.

Diapositiva 15

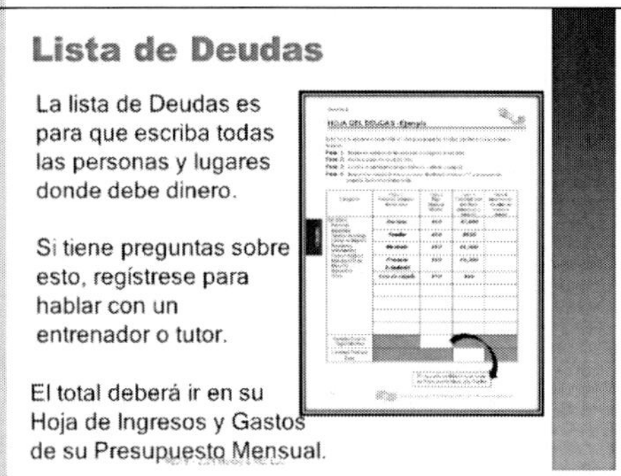

Esto ayudara a los participantes a completar su hoja de Ingresos y Gastos y el presupuesto mensual en categorías del dinero que se debe.

Diapositiva 16

Dígales a los participantes que vayan al ejemplo de la lista de deudas. Ellos ordenaran del menor al mayor como en la ilustración y después ellos ordenaran sus propias listas de deudas.

Diapositiva 17

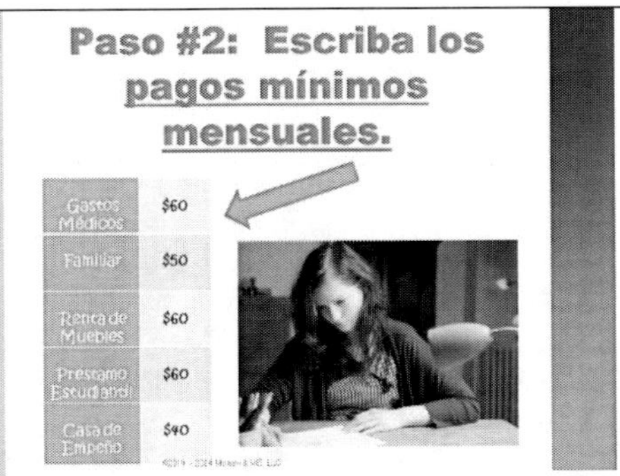

Cada participante necesita escribir los Pagos Mínimos Mensuales por cada persona o lugar donde deben dinero. El total se escribirá en la Hoja de Ingresos y Gastos. Este concepto es enseñado por Dave Ramsey. Es importante para las personas tener una "victoria emocional" tan pronto como sea posible para mantenerlos animados a que sigan con el Plan de Deudas.

Diapositiva 18

Cada participante debe escribir el Total de lo que se debe. Esta es la cantidad que usara para ordenar.

Diapositiva 19

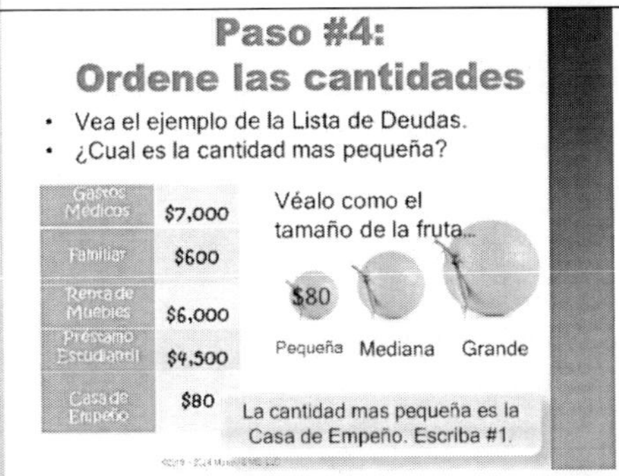

Diga a los participantes que vayan al ejemplo de la Lista de Deudas. Ellos ordenaras las cantidades de menor a mayor como ejemplo de como ellos lo harán con su propia lista de deudas.

Diapositiva 20

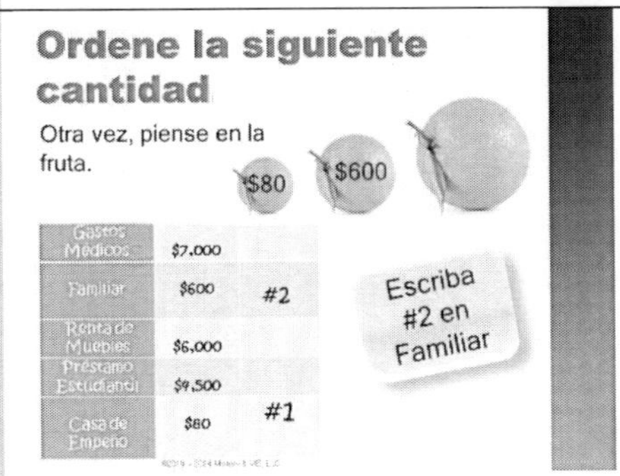

Continúe trabajando atreves del proceso de ordenar las cantidades con los participantes.

Diapositiva 21

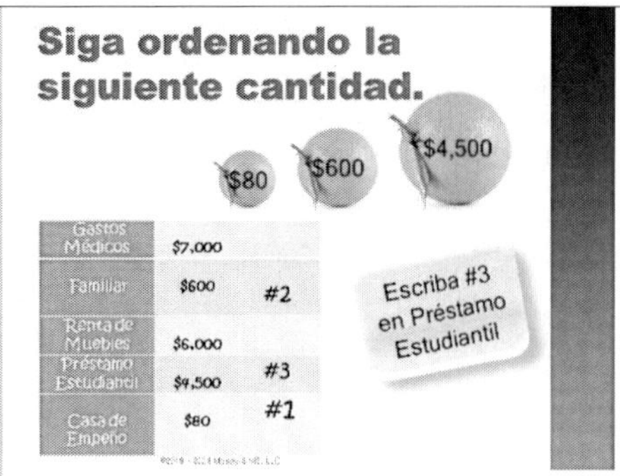

Continúe trabajando atreves del proceso de ordenar las cantidades con los participantes.

Diapositiva 22

Vea si los participantes pueden encontrar el #4 y #5. Las respuestas aparecerán en la pantalla.

Diapositiva 23

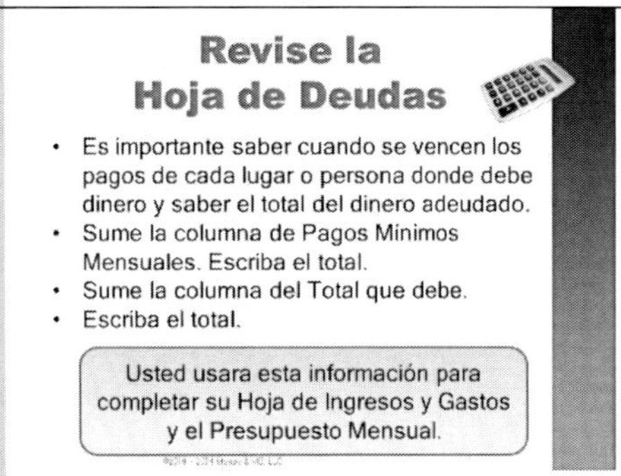

Después de que todo está ordenado, ellos necesitaran sumar para saber los totales.
Sume la columna de pagos mínimos mensuales.
Sume la columna del total que se deben.

Diapositiva 24

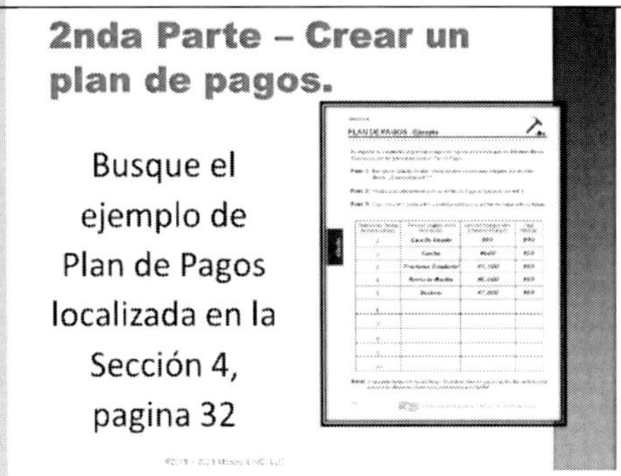

Los participantes necesitaran usar su hoja en blanco del Plan de pagos y llenar con sus propias cantidades del dinero que deben.

Diapositiva 25

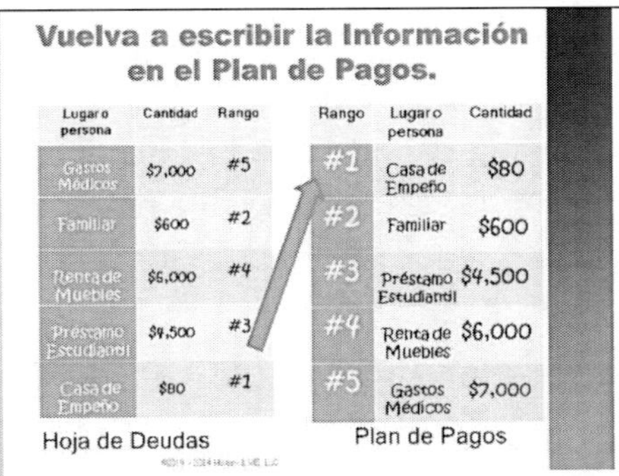

Los participantes necesitan completar su lista de dinero que deben antes de empezar con su plan de pagos. Después de que los participantes han enlistado TODO lo que deben, ellos ordenaran las cantidades de menor a mayor. Y usaran esta información para completar su Plan de Pagos

Diapositiva 26

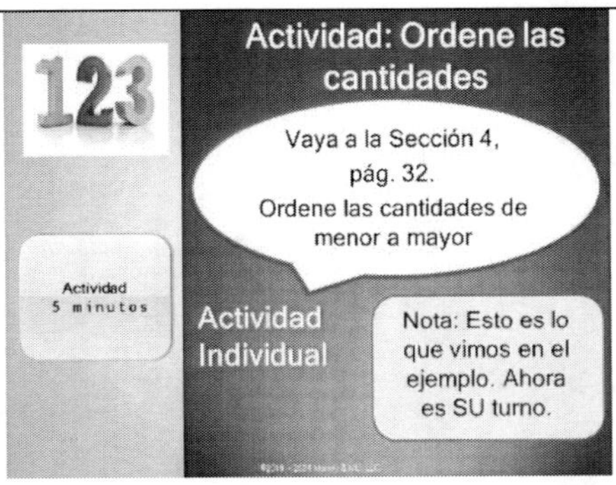

Esta hoja reforzara los que se ha mostrado en las diapositivas anteriores. Esto les ayudara a ordenar las cantidades en el ejemplo de la Lista de deudas.

Diapositiva 27

Los participantes necesitas la lista de deudas completa antes de empezar con su plan y pagos. Ellos necesitaran terminar esto en casa. Por ahora que solo escriban lo que recuerden. Anímelos a pedir una cita con un entrenador o tutor.

Diapositiva 28

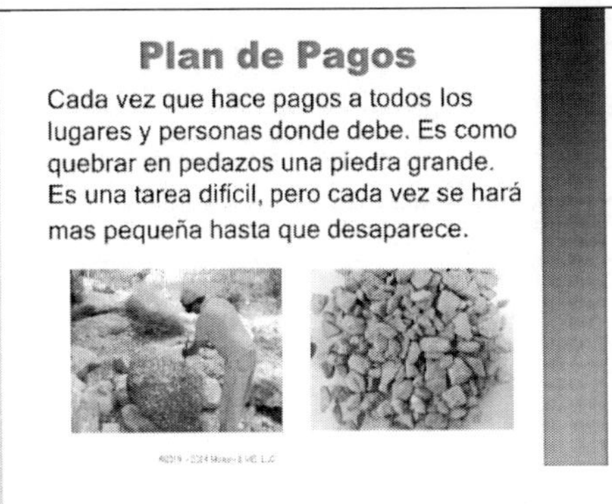

Plan de Pagos

El pagar las deudas es un trabajo duro... como quebrar una gran piedra. Usamos esta analogía para mostrar que es difícil, pero que cada vez que hacen un pago a sus deudas, hará que el total se vea más pequeño.
NOTA: Las cantidades usadas en las siguientes diapositivas no son exactas. Solo son para mostrar el concepto del Plan de Pagos.

Sección 4: Deudas

Diapositiva 29

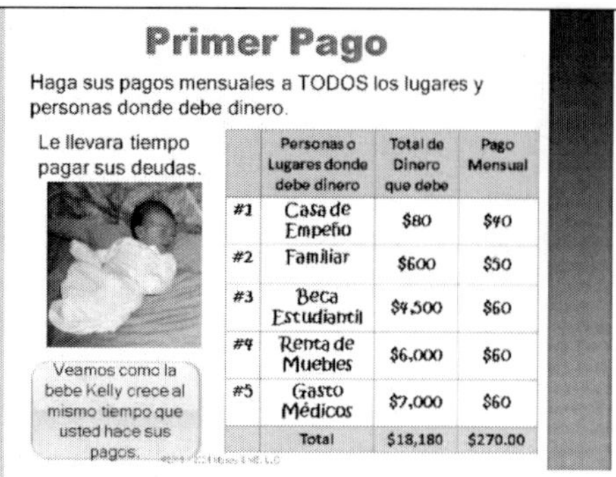

Los visuales usados son de una beba desde que nace hasta que tiene 6 años. Le llevara solo un momento el ir por las diapositivas. Es importante que los participantes sepan que pagar las deudas no pasara de la noche a la mañana. Puede entrar rápidamente en deudas, pero le tomara años para salir de ellas.
Vaya DESPACIO por las diapositivas. Usted necesitara repetir las diapositivas durante la presentación

Diapositiva 30

Este visual les recordara que les llevara tiempo y esfuerzo pagar las deudas.

Diapositiva 31

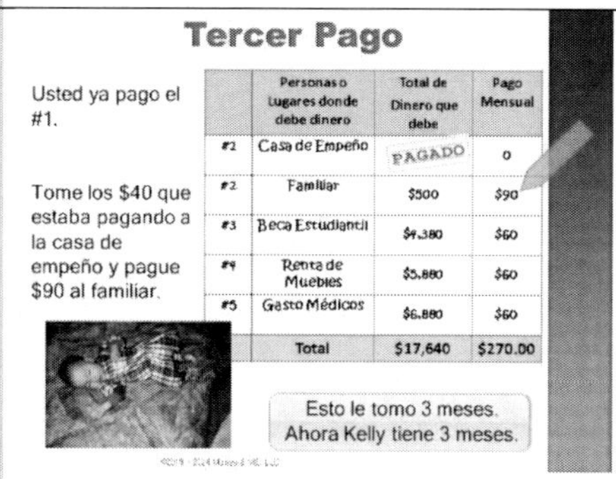

Ahora la beba tiene 3 meses. Ellos han pagado una deuda. Ahora ellos tomaran la cantidad mensual de la deuda que acaban de pagar y la añadirán en la siguiente deuda. Esto será su nuevo pago mensual. Ellos continuarán haciendo el pago mínimo en las otras deudas.

Diapositiva 32

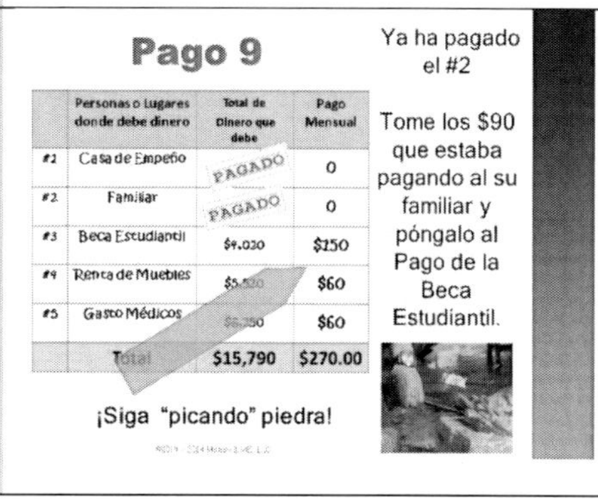

Recuerde de ir lentamente por las diapositivas. Tal vez sea necesario que repita una durante la presentación.
RECORDATORIO: Las cantidades usadas en estas diapositivas del Plan de Pago no son exactas, por que el interés no se muestra. Estas diapositivas son solo para mostrar el concepto del Plan de Pagos.

Diapositiva 33

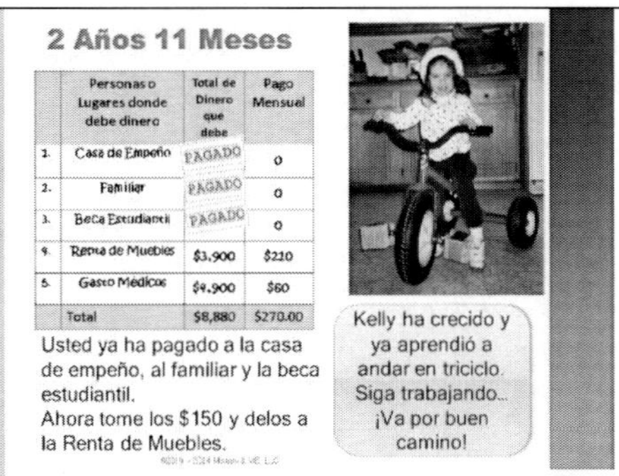

¡Casi tres años! Si puede lograrse. Anímelos a continuar.

Diapositiva 34

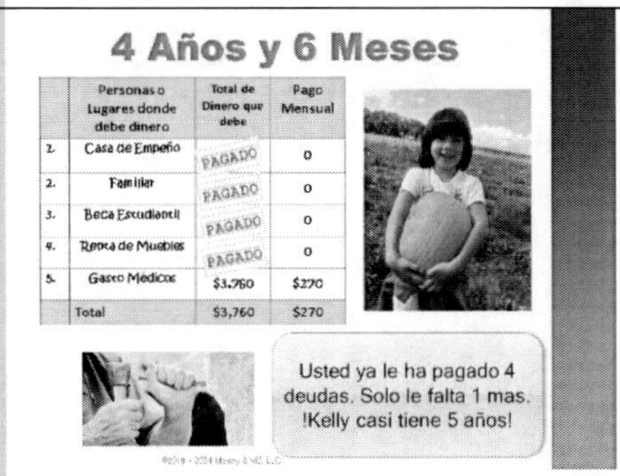

Manténgase positivo.

Diapositiva 35

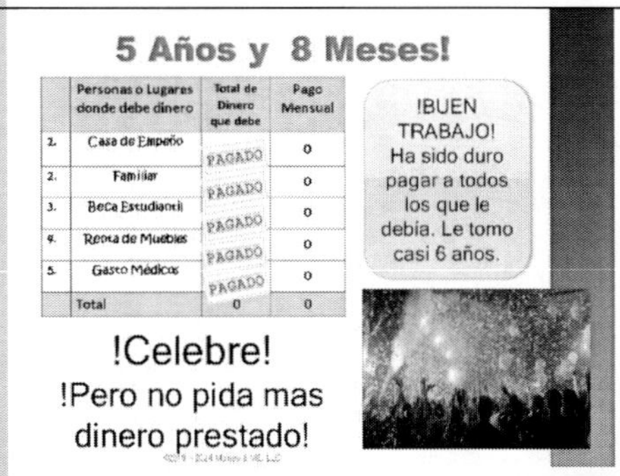

Celebre, pero no pida prestado dinero otra vez.

Diapositiva 36

Vea lo mucho que ha crecido la bebe. Ella casi tiene 6 años. Es importante para los participantes que entiendan que toma más tiempo pagar el dinero prestado.

Sección 4: Deudas

Diapositiva 37

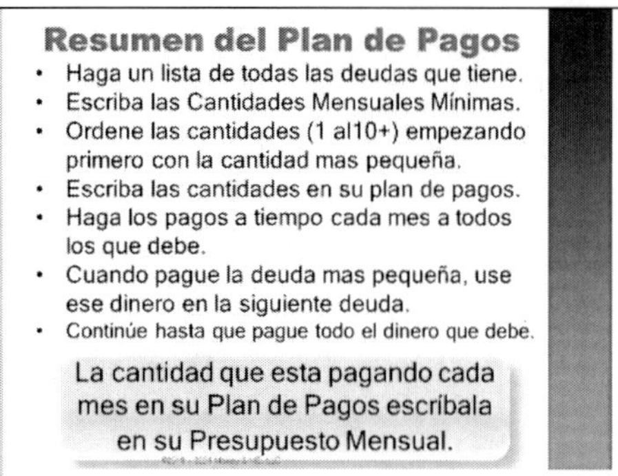

Este es un resumen de cómo hacer su plan de pagos. Esto será muy interesante para aquellos que deben dinero.

Diapositiva 38

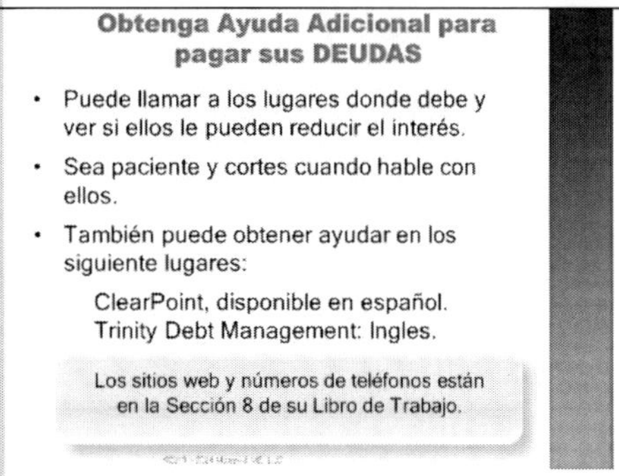

Algunas veces el interés y el proceso de consolidar deudas es difícil. Pero aquí le recomendamos 2 agencias donde les pueden ayudar.

Diapositiva 39

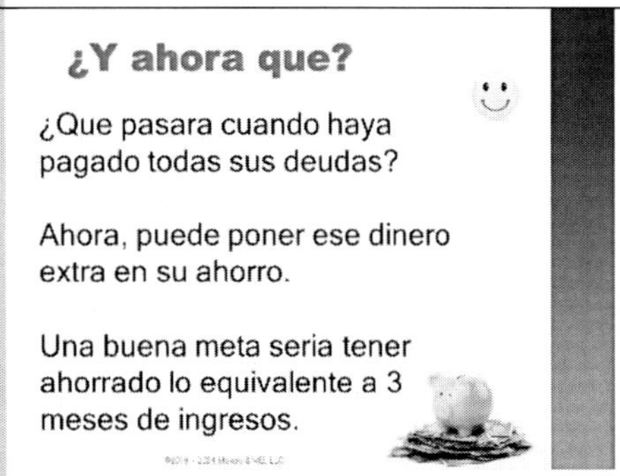

¿Qué sigue? Una vez que han pagados sus deudas, ellos pueden empezar a ahorrar.

Diapositiva 40

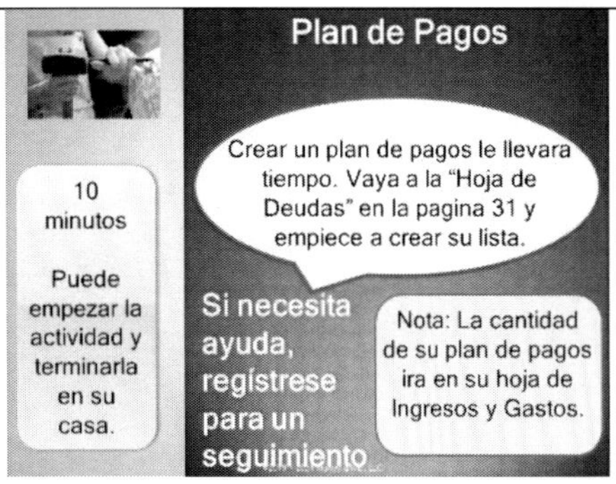

Deje que los participantes trabajen en casa con su propio plan de pagos. Esta cantidad ira en la categoría de deudas de su hoja de Ingresos y gastos. Si los participantes pueden pagar mas del pago mínimo, ellos pagaran sus deudas mas rápido. La cantidad que los participantes pagaran cada mes debe escribirse en la categoría de Deudas de la hoja de Ingresos y Gastos Mensuales.

Diapositiva 41

Plan para Dinero Extra

Esta es una diapositiva de transición para el siguiente tema "Plan para el Dinero Extra"

Diapositiva 42

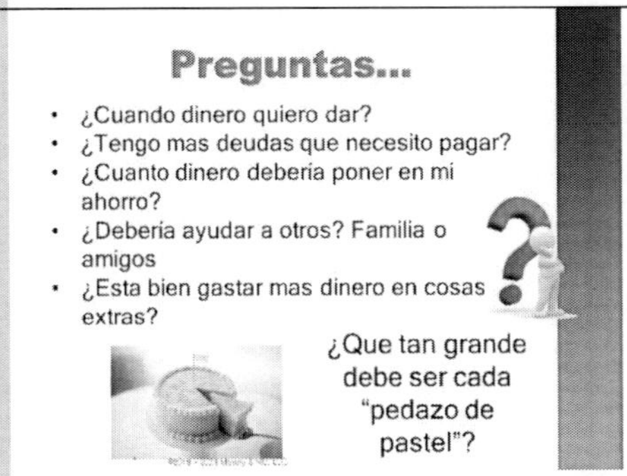

Estas son preguntas importantes que les ayudaran a tomar decisiones sobre el "dinero extra". Recuerde que, como entrenador, usted está guiándolos a tomar mejores decisiones para ellos mismos. La foto del pastel es para empezar el concepto de las graficas.

Diapositiva 43

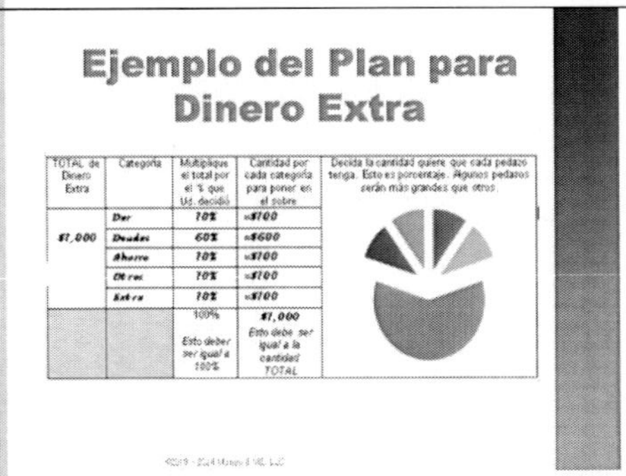

Viendo la gráfica, continuando hacia el siguiente paso. Vaya lento y está bien si no lo comprenden rápidamente. Esto los llevara al concepto de porcentajes lo cual puede ser difícil. Déjeles saber que hay personas que le ayudaran. Ellos tienen que decidir "de qué tamaño" será el pedazo para cada área.

Diapositiva 44

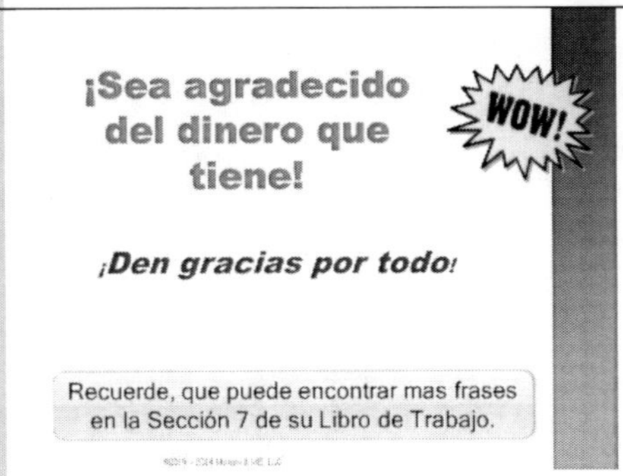

Queremos que sepan que ellos deberían ser agradecidos por todo lo que tienen.

Diapositiva 45

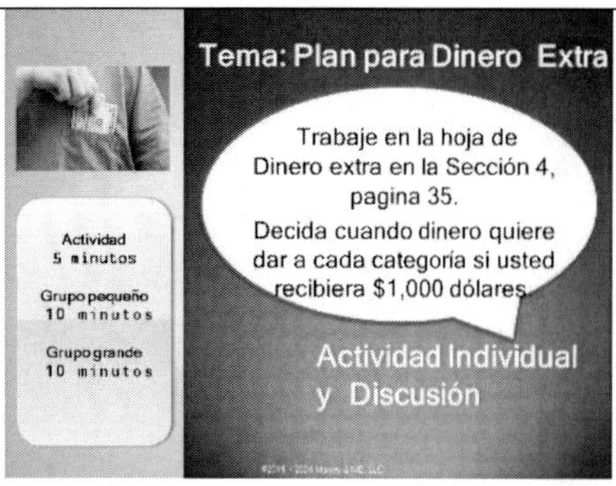

Estos conceptos pueden ayudar a los participantes a hacer cambios que pueden ser de gran impacto para sus vidas. Si una persona debe dinero, puede ser muy deprimente y afectar otras áreas de su vida. Algunas maneras de aligerar cargas podrían ser el planear un ahorro para que ellos no tengan que pedir prestado cada mes.

Diapositiva 46

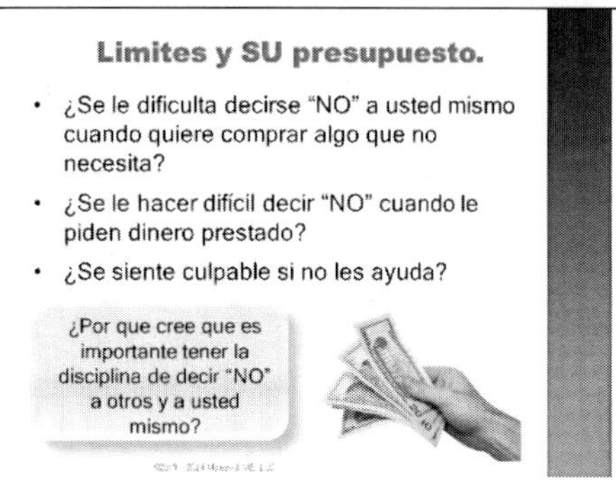

Limites

Establecer limites con nosotros y otros le ayudara a los participantes a mantenerse dentro sus presupuestos.

Diapositiva 47

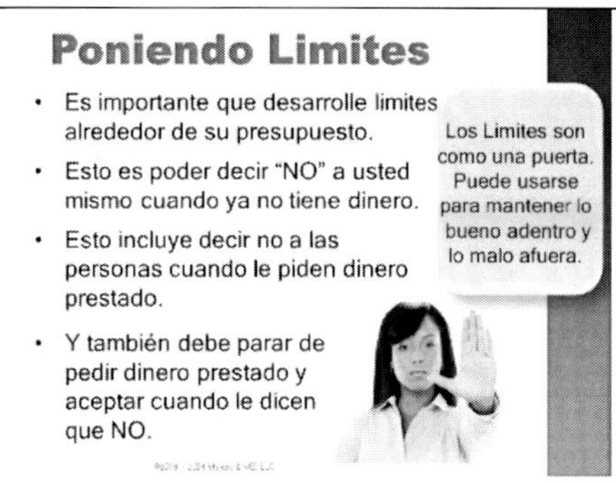

Cada persona necesita aprender disciplina y decir no cuando ya no tiene dinero o decirles NO a otras personas. Si la persona siempre esta pidiendo dinero a otros, el o ella necesita parar de hacerlo.

Diapositiva 48

Establecer limites saludables con otros les ayudara a mantenerse dentro de su presupuesto. Cada persona necesita aprender a identificar sus sentimientos y como afectan sus limites.

Diapositiva 49

Recibir apoyo de otras personas es critico para establecer amistades saludables. Esto No es algo que se puede ser individualmente.

Diapositiva 50

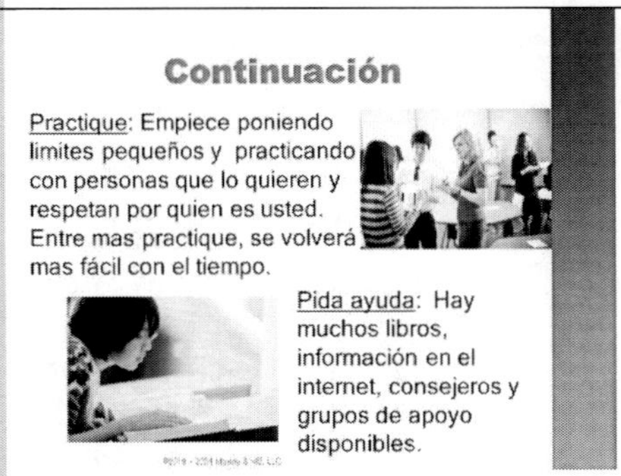

Anime a las personas que necesitan trabajar en limites a empezar algo con algo pequeño y tener apoyo adicional. Esto puede ser a través de libros, información en el internet, consejeros y grupos de apoyo.

Diapositiva 51

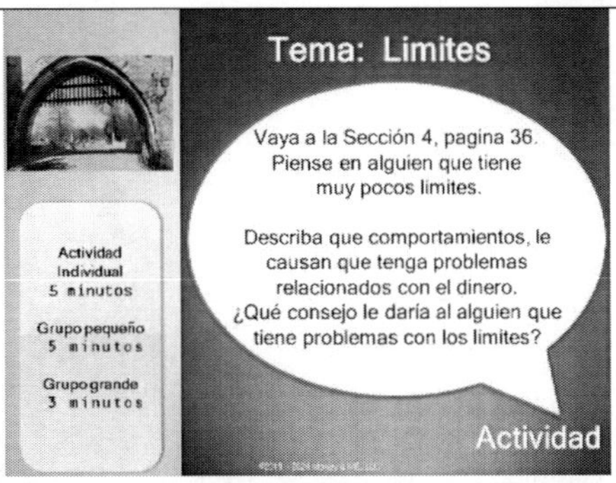

Deje que los participantes trabajen individualmente en sus hojas de limites por algunos minutos. Ellos pueden discutir en su grupo pequeño y terminando compartir con el grupo grande.

Diapositiva 52

No cambie el contenido de este programa. Cada componente fue diseñado específicamente para personas de bajos recursos, comprobado y aprobado para guiarlos a hacer cambios y tomar control de su dinero. Al cambiar su contenido usted impedirá que alguien reciba el beneficio completo. Sus comentarios son bienvenidos. Puede contactarnos en: Sara@MoneyandME.cash.

Sección 5: Preparar su Presupuesto

Diapositiva 1

Diapositiva 2

Los calendarios son de mucha ayuda cuando se empieza un presupuesto. Una parte importante del presupuesto es saber cuándo el dinero entra y cuando se tienen que pagar los recibos. Es muy importante pagar los recibos a tiempo para evitar pagar cargos extras.

Diapositiva 3

Aquí esta los posibles beneficios de usar el calendario.

Diapositiva 4

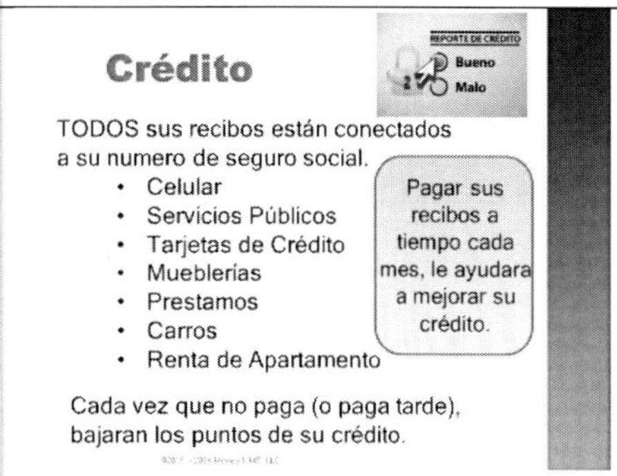

Es importante para los participantes que entiendan que cada vez que pagan o no un recibo impactara su crédito.

Diapositiva 5

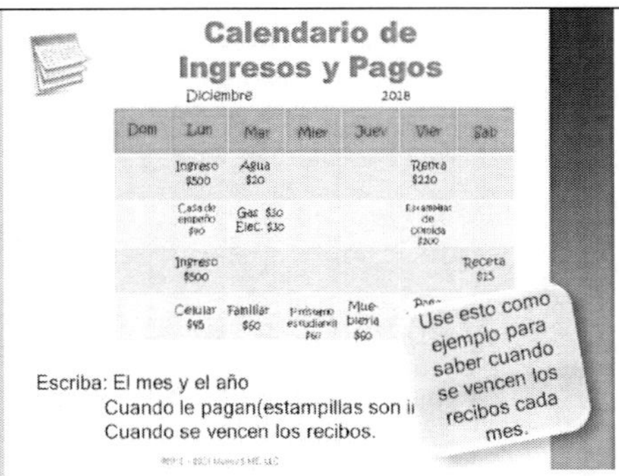

Enseñe a los participantes a escribir en el calendario cuando le pagan y cuando se vencen los recibos. Esto le ayudara a ellos a tener control de su dinero. Recuerde que la MAYORÍA de los participantes están viviendo aproximadamente con $1,000 al mes. Recuérdeles que pueden usar el calendario del Libro de Trabajo.

Diapositiva 6

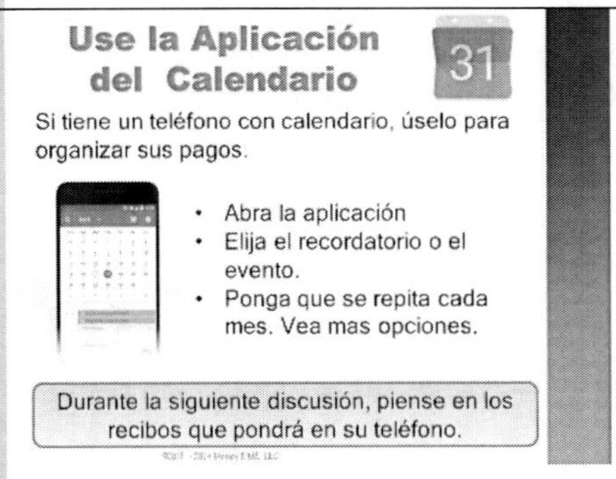

Es importante para los participantes que aprendan a usar la aplicación del calendario en sus teléfonos. Es Buena idea poner los eventos que se repitan cada mes, para ayudarles a pagar los recibos a tiempo.

Diapositiva 7

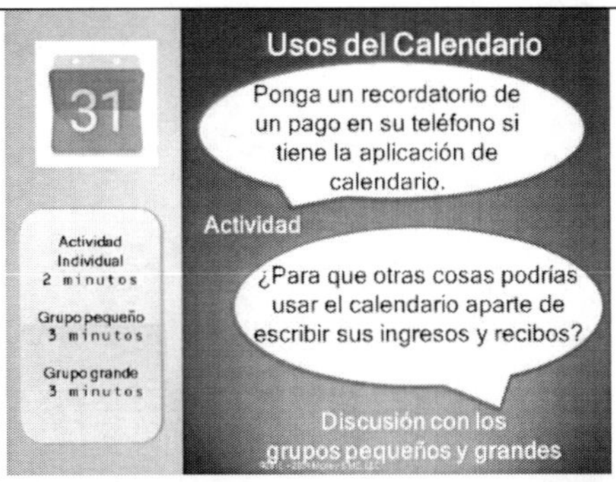

Los participantes terminaran el calendario en su casa. El tener los recibos a la mano les hará más fácil completar esta actividad. Otros usos para el calendario pueden ser, anotar citas, cambio de hábitos, recordar cumpleaños, etc. Anímelos a que se registren para un seguimiento si necesita más ayuda.

Diapositiva 8

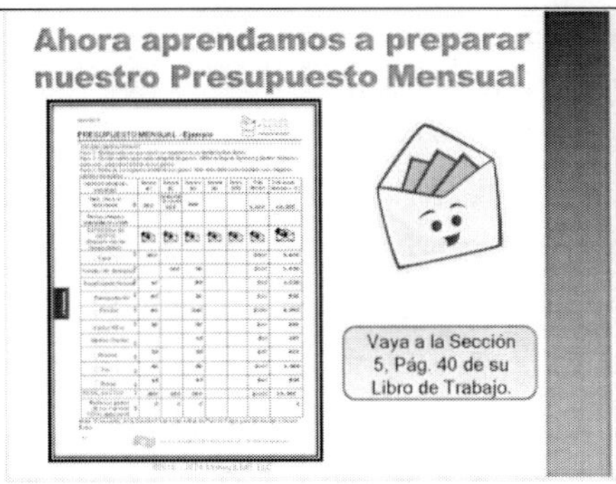

Presupuesto Mensual

Diga a los participantes que vayan a la Sección 5 de su libro de trabajo. Durante esta parte del taller, ellos aprenderán mas acerca del Presupuesto Mensual y como ser compradores inteligentes. Puede que esta sea la primera vez que los participantes han creado un presupuesto escrito. El presupuesto Mensual es la BASE para el resto del Programa del *Dinero y yo.*

Sección 5: Preparar su Presupuesto

Diapositiva 9

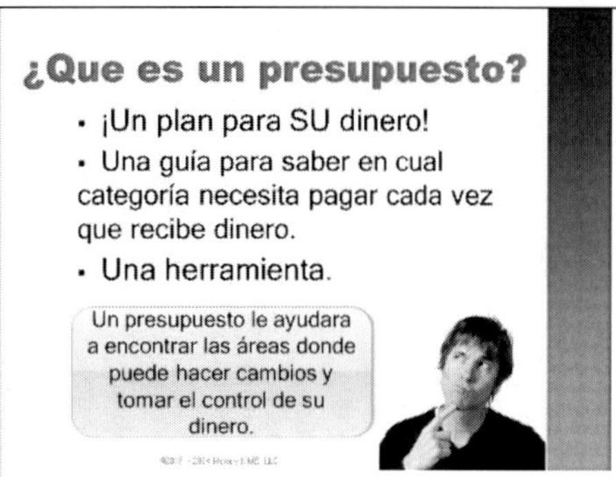

"Presupuesto" puede ser algo NUEVO para algunos de los participantes. Recuérdeles, que un presupuesto es un plan para ayudarles con sus necesidades y metas financieras. Esto no pasa inmediatamente. La clave para tener éxito es: ser pacientes con los demás, trabajar juntos y ajustar el presupuesto las veces que sea necesario.

Diapositiva 10

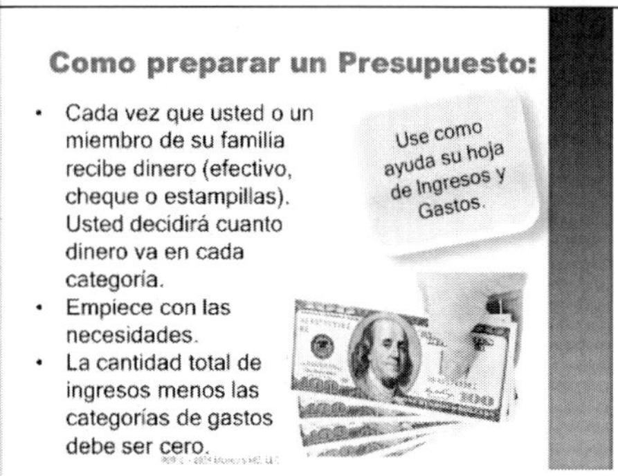

Es importante para los participantes darse cuenta que ellos NECESITAN escribir las cantidades en la hoja de ingresos y gastos para sus presupuestos. Ellos necesitaran su calendario de ingresos y gastos para escribir que semana le paga y cuando vencen los recibos. Estas dos hojas les ayudaran a completar sus presupuestos mensuales.

Diapositiva 11

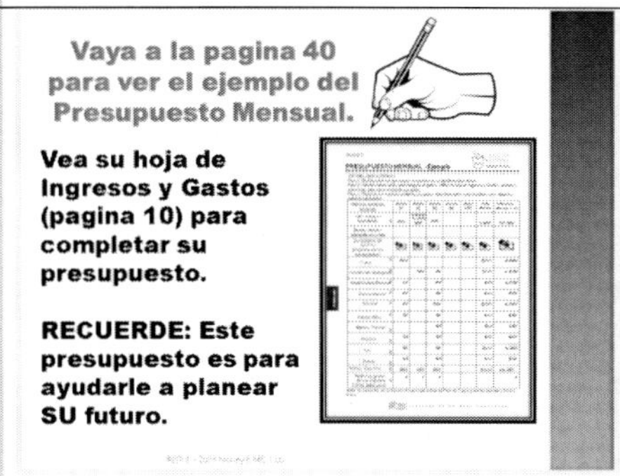

Los presupuestos pueden ser difíciles. Sin embargo, una vez que ha llenado las hojas de Ingresos y Gastos y el calendario de Ingresos y Recibos, entonces puede completar el Presupuesto Mensual. Deje saber a los participantes que, al empezar a trabajar con el presupuesto, ellos pueden hacer todos los cambios que se necesiten. Hacer cambios es algo normal. Le tomara algunos meses tener un Presupuesto mensual que funcione.

Diapositiva 12

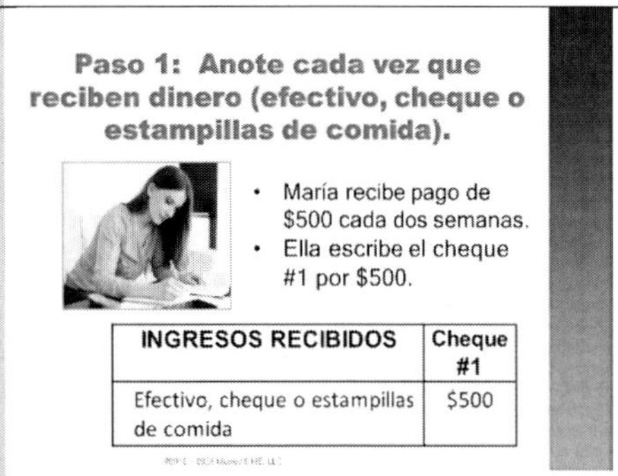

Esta hoja esta diseñada para múltiples cheques. Puede ser para una persona que tiene 2 trabajos o para múltiples personas en la casa. Cada vez que una persona recibe un cheque, el o ella tiene que planear donde se va a gastar.

Diapositiva 13

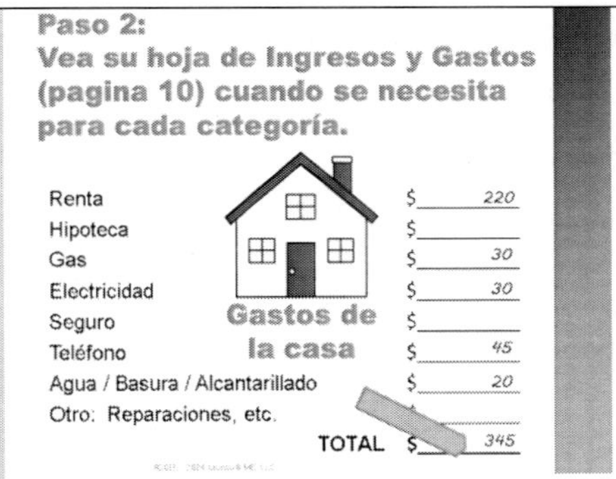

Debe saber que los gastos de la casa es un área donde difícilmente se pueden hacer cambios. Sin embargo, si la persona o familia están gastando más de 30% de sus ingresos en vivienda, esto afectara grandemente en las otras categorías. Opciones a considerar para reducir los gastos de casa puede ser mudarse a un lugar mas económico, aplicar para ayuda de vivienda, etc. Razones: El presupuesto de servicio no reduce los pagos, solo los hace mas equitativos. Los teléfonos de casa puedes ponerse en esta categoría. Los celulares pueden ponerse aquí o en la categoría de Ropa y artículos personales.

Diapositiva 14

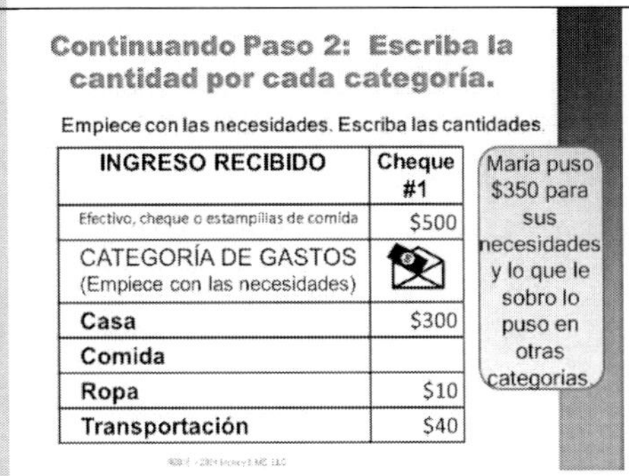

Asegúrese que los participantes empiecen con esto primero.

Diapositiva 15

Después de que las necesidades se paguen, los participantes necesitaran tomar decisiones con las otras cantidades. Deje que usen su hoja de ingresos y gastos. NOTA: La categoría de Deudas se pondrá hasta que el plan de pagos este completo.

Diapositiva 16

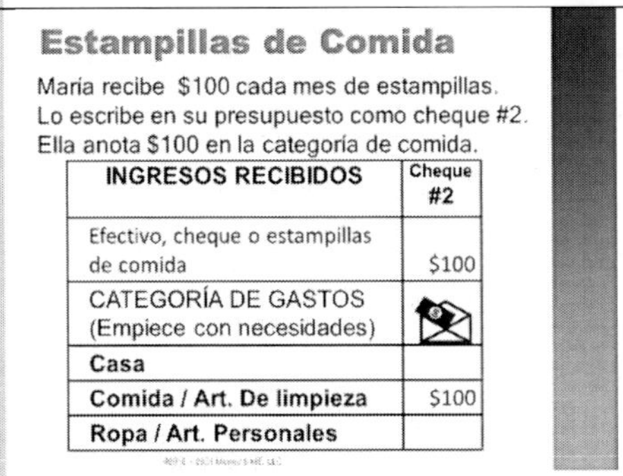

Las estampillas de comida son consideradas como ingresos y serán incluidas en la categoría de comida.

Diapositiva 17

Cheque #3

María gano $500.

INGRESOS RECIBIDOS	Cheque #3
Efectivo, cheque o estampillas de comida	$500
CATEGORÍA DE GASTOS (Empiece con necesidades)	
Casa	
Comida / Art. De limpieza	$20
Ropa / Art. Personales	$75
Transportación	$20

Ella uso $115 para necesidades

Le sobran $385 para otras categorías.

Cuando el tercer cheque (recuerde que las estampillas de comida fueron cheque #2), hay diferentes maneras en las cuales el dinero puede ser designado. Anime a los participantes a trabajar con ellos.

Diapositiva 18

Continuando con el Cheque #3

CATEGORÍA DE GASTOS	
Deudas	$230
Gastos Niños	$20
Medico / Dental	$15
Ahorros	$25
Dar	$50
Extras	$45
TOTAL GASTOS	$500
Ingreso – Gastos TOTAL debería ser = 0	0

Las cantidades irán a los sobres. (Si usa efectivo)

El Plan de Pagos se terminará en la Sección 5. Déjeles saber que ellos regresaran a completar sus presupuestos.

Diapositiva 19

Paso 3: Restar los gastos de los ingresos.

INGRESO RECIBIDOS	Cheque #1	Cheque #2	Cheque #3
Efectivo, cheque o estampillas	$500	$100	$500
CATEGORÍA DE GASTOS (Empiece con las necesidades)			
Casa	$300		
Comida / Artículos de Limpieza		$100	$20
Ropa	$10		$75
Transportación	$40		$20
Deudas	$40		$230
Gastos Niños	$20		$20
Medico / Dental			$15
Ahorros	$25		$25
Dar	$50		$50
Extras	$15		$45
TOTAL GASTOS	$500	$100	$500
TOTAL debería ser = 0	0	0	0

Necesitara hacer cambios para que el TOTAL sea igual a cero.

Deje saber a los participantes que probablemente tendrán que hacer varios cambios hasta que el ingreso menos los gastos sean cero. Anímelos a usar el lápiz.

Diapositiva 20

Otra forma de ver el presupuesto.

Visualice el total de dinero que recibe cada mes como una cubeta de agua.

INGRESO RECIBIDO	Cheque #1	Cheque #2	Cheque #3
Efectivo, cheque o estampillas de comida	$500	$100	$500

Las Estampillas son ingresos.

El Paso 1 es escribir los ingresos mensuales. Visualizaremos el ingreso mensual como una cubeta de agua que se llena cada mes. Solo recibirá una cierta cantidad de agua para hacer sus presupuestos.

Diapositiva 21

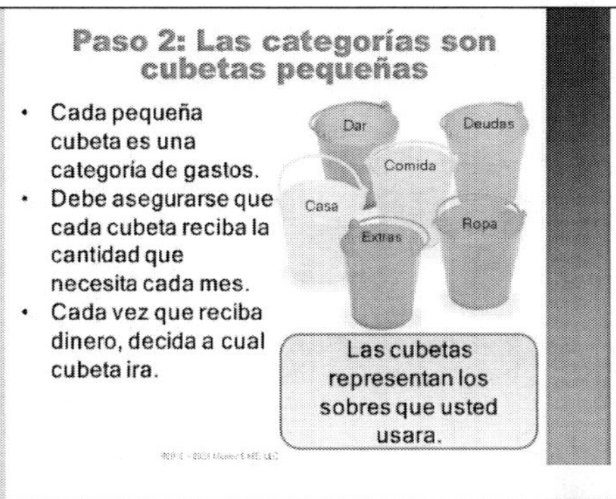

Paso 2 – Dividir el total de la cantidad total de ingresos en diferentes categorías puede ser confuso. Usando cubetas pequeñas puede ayudar a los participantes a saber cuando dinero debería poner en cada cubeta. Esto les ayudara a desarrollar sus presupuestos. Las cubetas pequeñas representas los sobres del Sistema de Dinero en Sobres.

Diapositiva 22

Es importante para los participantes que paguen los cobros fijos primero. Los pagos fijos pueden ser cambiados, pero requiere esfuerzo y toma algo de tiempo. Las otras cantidades que no son fijos pueden ser cambiados mas rápidamente.

Diapositiva 23

Paso 3 – Los participantes necesitan restar sus gastos de sus ingresos para asegurarse que sus ingresos coinciden con sus gastos. Es muy común que la gente gaste de mas. Ellos necesitan hacer ajustes en sus presupuestos y aprender a vivir dentro de los limites del presupuesto que ellos crearon.

Diapositiva 24

Anime a los participantes a vivir dentro del presupuesto que ellos crearon. Si gastan dinero que no esta en su presupuesto es como tener un balde con hoyos y ellos no tendrán suficiente dinero para fin de mes. Ellos tendrán un balde con agujeros cuando gastan su dinero en cosas que quieren en lugar de las que necesitan.

Sección 5: Preparar su Presupuesto

Diapositiva 25

Es importante para los participantes empezar a calcular sus ingresos anuales.

Diapositiva 26

Las personas necesitan hacer cambios en sus presupuestos cuando sus ingresos o gastos cambian. Es importante darse cuenta que esto no es solo algo que hacen una sola vez y ya terminaste. En un proceso de cambios que cambia con los cambios de vida.

Diapositiva 27

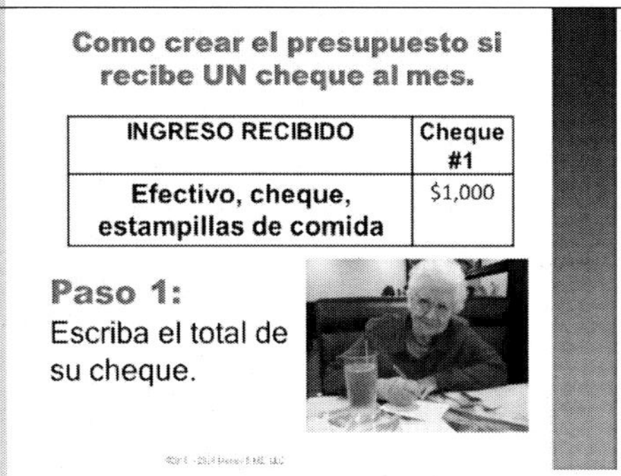

Este ejemplo es para una persona que solo recibe un cheque al mes. Se ve simple, pero muchos participantes han tenido preguntas. Es solo para aclarar.

Diapositiva 28

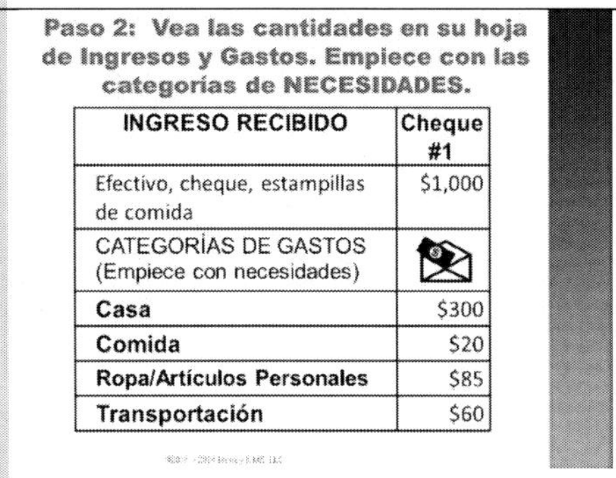

Anime a los participantes a empezar con las necesidades, para que estas categorías se paguen primero.

Diapositiva 29

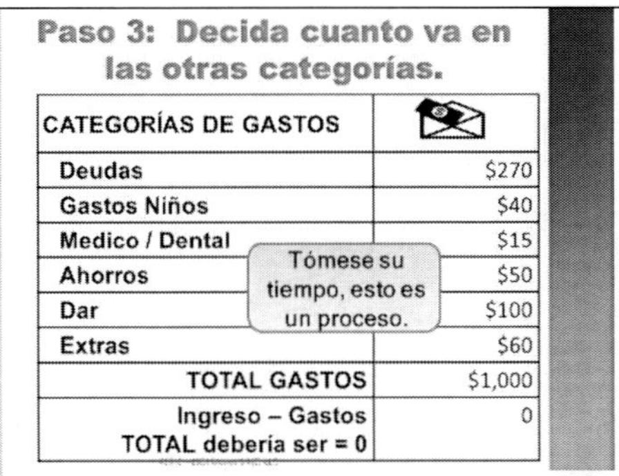

Los participantes pueden ajustar otras cantidades hasta que el ingreso menos los gastos sean igual a cero.

Diapositiva 30

Es importante para los participantes saber que necesitan para completar su Plan de Pagos antes de poder finalizar sus presupuestos.

Diapositiva 31

Una vez mas, NO salte las actividades de discusión. Esto es donde el aprendizaje se realiza. Anime a los participantes a compartir lo que han aprendido. Los participantes no tendrán suficiente tiempo para TERMINAR sus presupuestos. Este tiempo solo es para que empiecen. Esto puede que sea un concepto difícil para algunas personas. Si esta disponible, haga que las personas regresen para hablar con un Entrenador, déjeles saber que pueden recibir ayuda adicional. Permita 10 minutos para esta actividad y discusión.

Diapositiva 32

Sistema de Dinero en Sobres

En la próxima sección presentaremos el Sistema de Dinero en Sobres.

Sección 5: Preparar su Presupuesto

Diapositiva 33

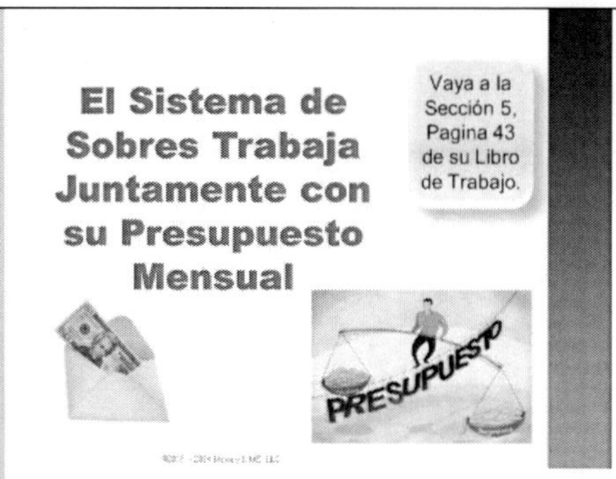

Enfatice a los participantes la importancia de terminar el presupuesto mensual, porque el sistema de dinero en sobres se basa en un presupuesto completo.

Diapositiva 34

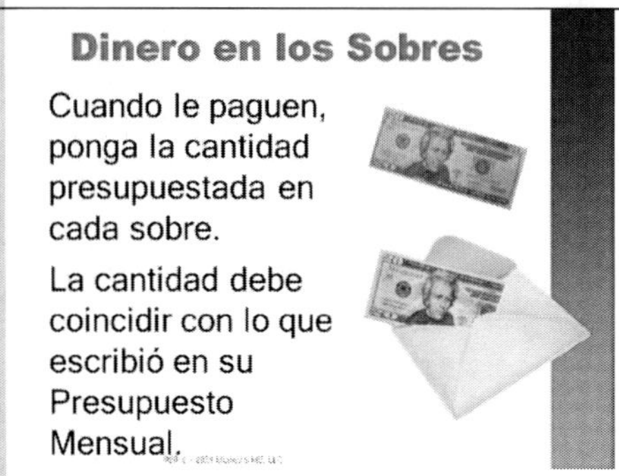

El presupuesto les dirá cuando dinero deberá ir en cada sobre después de que ellos hayan etiquetados los sobres.

Diapositiva 35

Esta diapositiva ilustra como los billetes salen y entran del sobre cuando hace compras.

Diapositiva 36

Las monedas pueden romper los sobres. Los participantes pueden poner las monedas en un frasco y guardarlo para comprar algo más.

Diapositiva 37

Es MUY importante que los participantes aprendan a decir NO cuando se ha acabado el dinero. Practique con ellos algunas veces. ¡Hágalo divertido como un juego!

Diapositiva 38

Anímelos a que no darse por vencidos. Recuerde como en la bicicleta si se cae, levántese y vuelva a comenzar.

Diapositiva 39

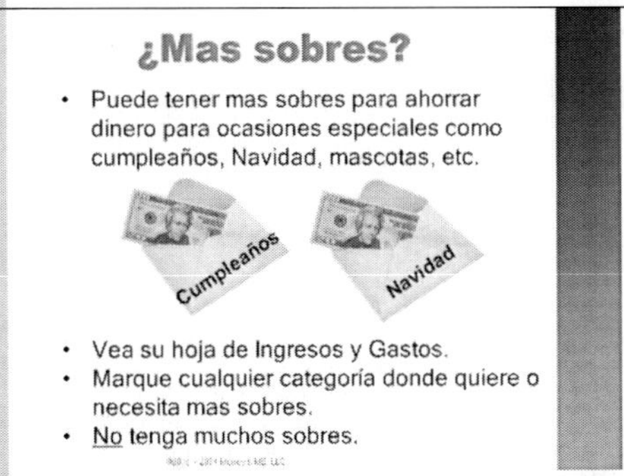

Si los participantes necesitan más sobres para ahorrar en cosas especiales, ellos pueden tener compras extras. Dígales que es importante mantener el sistema lo más simple posible si no, no funcionara. Lo más complicado que ellos lo hagan, lo menos que lo usaran.

Diapositiva 40

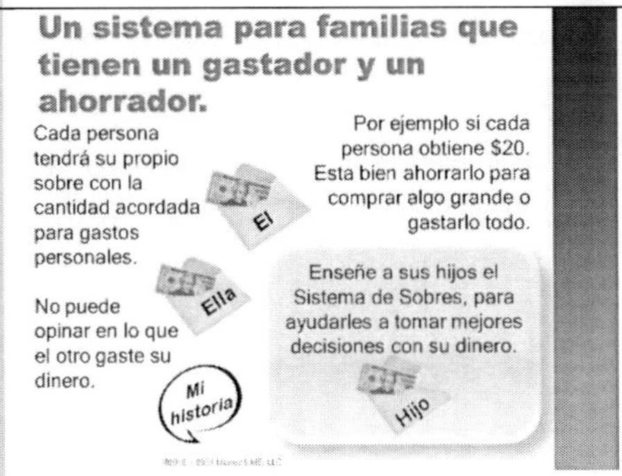

Este es un sistema muy eficiente para las familias que tienen a un gastador y a un ahorrador. Ellos también les pueden enseñar a sus hijos acerca del Sistema de Dinero en sobre para ayudarlos a tomar mejores decisiones.

Historia: Comparta una historia corta de usted como gastador o ahorrador. ¿Cuantas lecciones ha aprendido?

<table>
<tr>
<td>Diapositiva 41</td>
<td>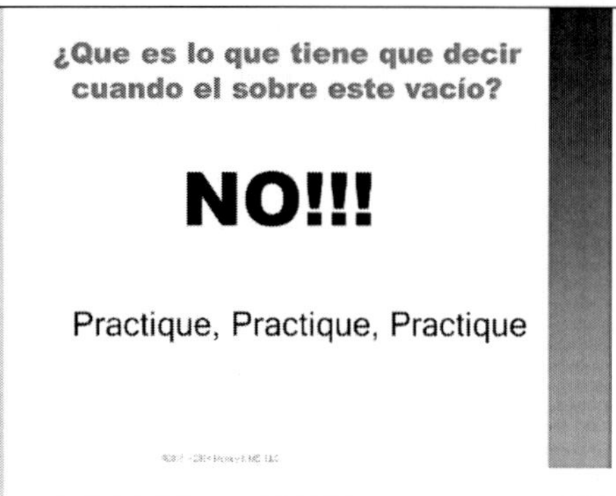
</td>
<td>Siga practicando. Se ve algo tonto, pero es una gran técnica de enseñanza.</td>
</tr>
<tr>
<td>Diapositiva 42</td>
<td>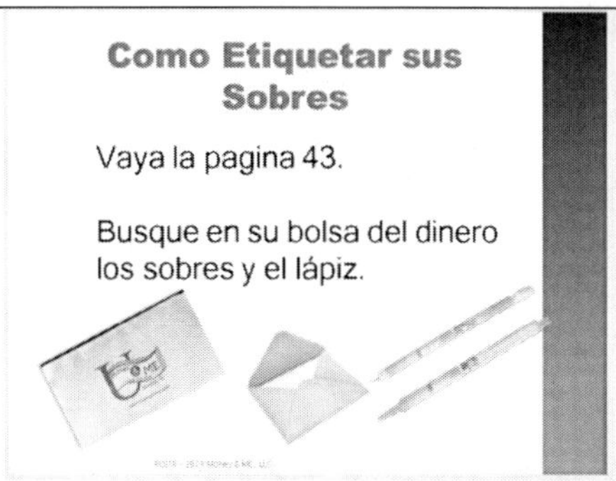
</td>
<td>Usted está preparando a los participantes para la siguiente actividad.</td>
</tr>
<tr>
<td>Diapositiva 43</td>
<td>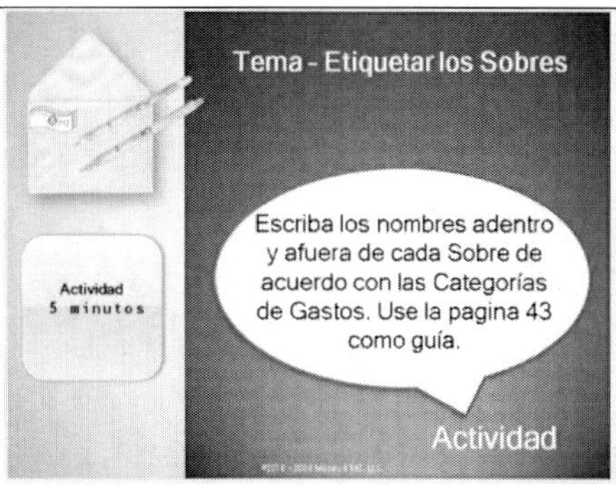
</td>
<td>Tome en cuenta la tabla de tiempo. Haga ajustes para mantenerse a tiempo.</td>
</tr>
<tr>
<td>Diapositiva 44</td>
<td>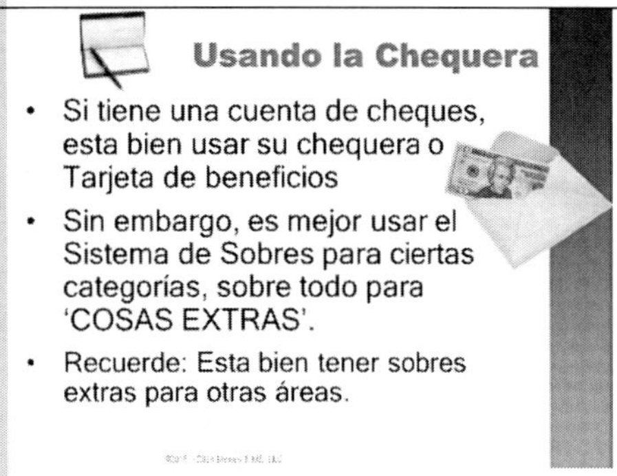
</td>
<td>La mayoría de los participantes no tienen chequera, pero si ellos si tiene una, dígales que está bien usarla. Lo más rápido que puedan pagar los recibos, menos posibilidad de que les roben o pierdan el dinero.</td>
</tr>
</table>

Diapositiva 45

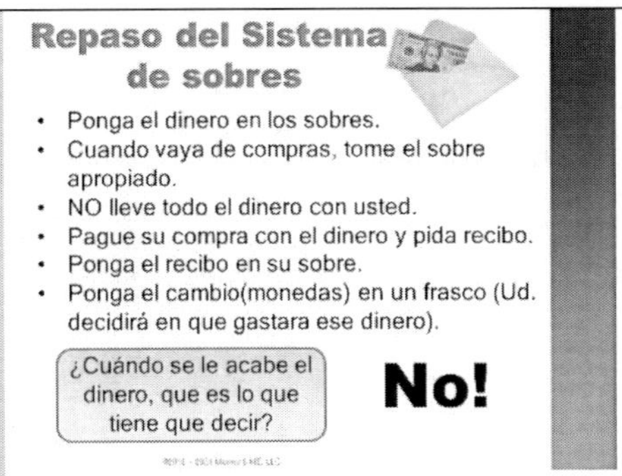

Las personas recuerdan mas al usar repeticiones. Los repasos son excelentes. Anime a la clase a decir no. Siga preguntándoles, ¿Qué debemos decir cuando no hay más dinero? NO

Diapositiva 46

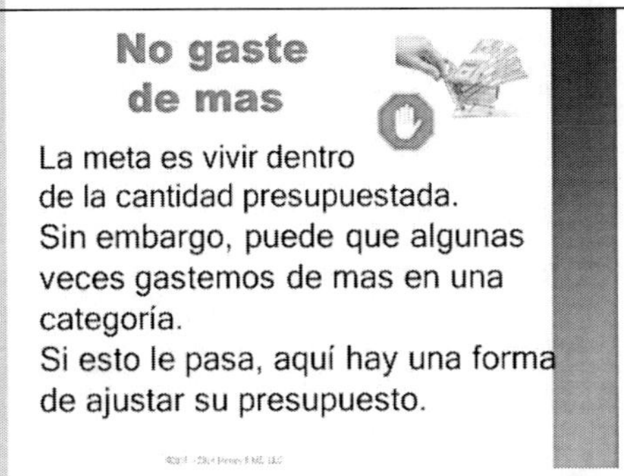

Es importante para los participantes que trabajen en su nuevo presupuesto. Los entrenadores deber animarlos en este nuevo hábito.

Diapositiva 47

Este es un ejemplo de como se pueden hacer ajuste si es necesario. Sin embargo, anímelos a vivir dentro de sus presupuestos.

Diapositiva 48

Queremos que ellos entiendan que tienen opciones y que ellos están en control de su presupuesto. Esto no es para controlarlos. Ellos pueden hacer los ajustes que necesiten.

Sección 5: Preparar su Presupuesto

Diapositiva 49

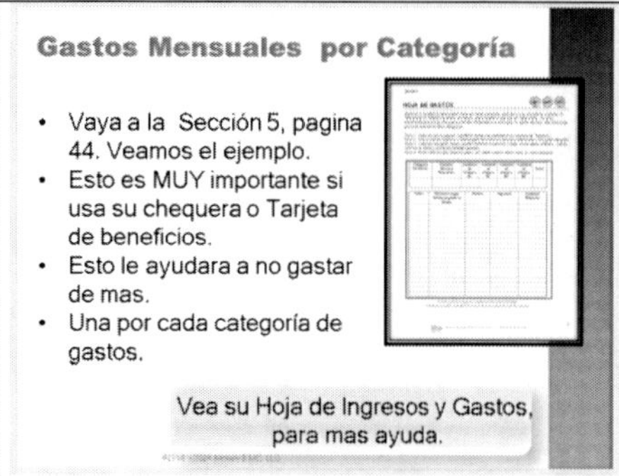

Gastos Mensuales por Categoría
Puede que sea difícil para los participantes hacer copias. Ellos pueden usar un cuaderno o cualquier hoja si así lo desean.

Diapositiva 50

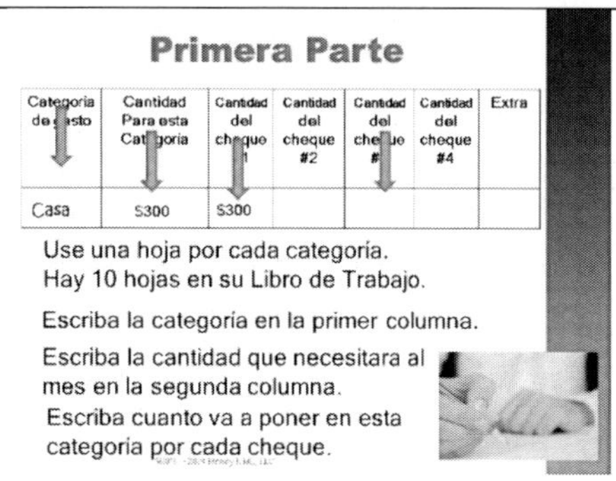

Los participantes necesitan usar su Presupuesto Mensual para escribir las cantidades correctas en su "Gastos Mensuales por Categorías". SIEMPRE es importante para ellos saber cuánto están gastando anualmente en cada categoría.

Diapositiva 51

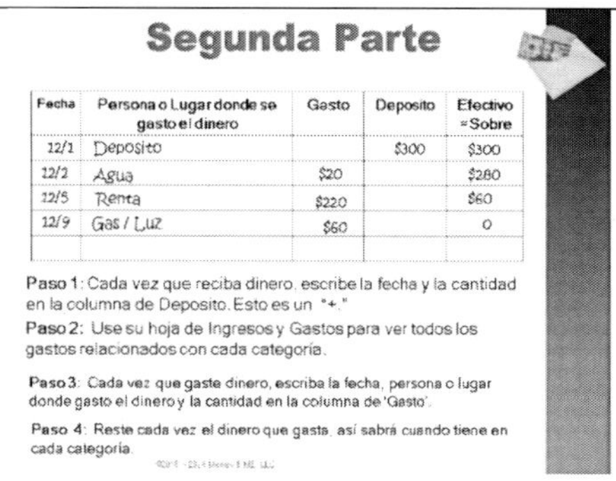

La idea es que los participantes empiecen a llevar el control de sus ingresos y gastos por cada categoría.

Diapositiva 52

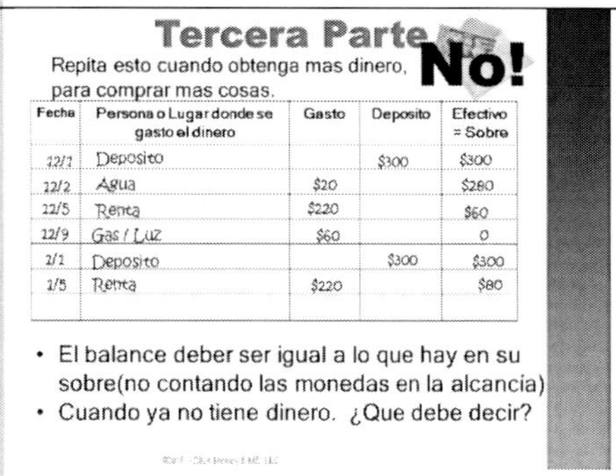

Los participantes necesitan sumar o restar cuando dinero están poniendo en el sobre y cuando están gastando. El balance debe ser igual al dinero que está en el sobre (menos cualquier cambio que se haya puesto en el frasco). El usar la libreta, la aplicación, y los recibos de compras les ayudaran con esta tarea.

Diapositiva 53

Los participantes necesitaran más información y tiempo para completar esta actividad. Anímelos a terminarla en la casa.

Diapositiva 54

Diapositiva 55

No cambie el contenido de este programa. Cada componente fue diseñado específicamente para personas de bajos recursos, comprobado y aprobado para guiarlos a hacer cambios y tomar control de su dinero. Al cambiar su contenido usted impedirá que alguien reciba el beneficio completo. Sus comentarios son bienvenidos. Puede contactarnos en: Sara@MoneyandME.cash.

Sección 6: Tome el Control

Diapositiva 1		
Diapositiva 2		Tome el Control Esta es una diapositiva divertida. Si el entrenador se siente cómodo copiando la pose, será muy divertido para los participantes lo vean. Anímelos a que hagan lo mismo.
Diapositiva 3		Hay tres temas en la última sección. Deje saber a los participantes que van bien, y que ya están por terminar.
Diapositiva 4	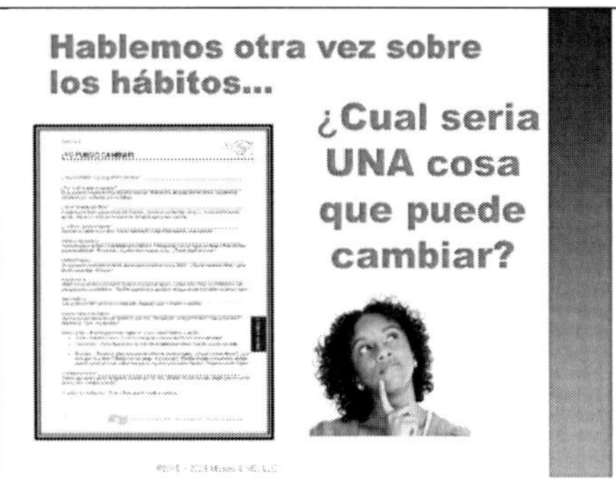	**Cambie un habito** El Dinero y YO está diseñado para cambiar vidas. El cambiar UN hábito puede cambiar una vida, una familia y una generación. Sin embargo, esto puede ser un tema muy sensible y emocional. No entre en argumentos con las personas. Solo anímelos a verse a ellos mismos y decidir cuál cosa quieren cambiar.

Diapositiva 5

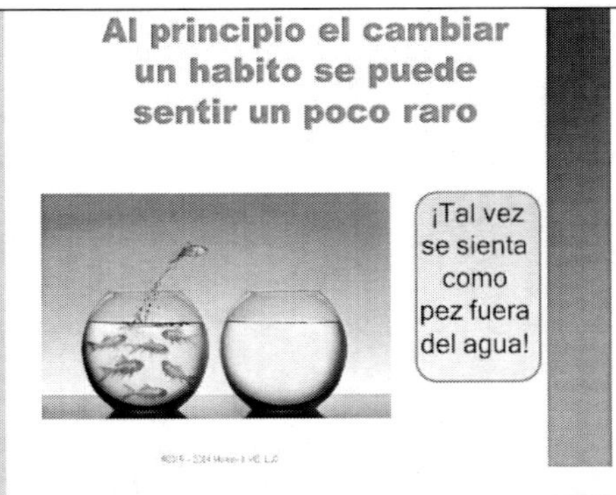

Cambiar un hábito puede ser extremadamente difícil de hacer. Se sentirá raro y es importante saber que se sentirá algo gracioso. Las siguientes diapositivas le guiaran hacia la actividad donde trabajaran con la hoja "¡Yo puedo Cambiar!

Diapositiva 6

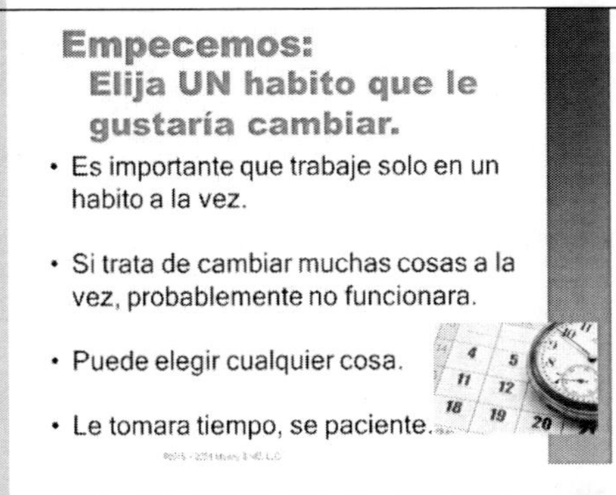

Haga que los participantes elijan UNA cosa en la que les gustaría trabajar. Después de tener éxito por 90 días, ellos pueden elegir otro hábito. Si tratan de hacer muchos a la vez, es más seguro que fracasaran.

Diapositiva 7

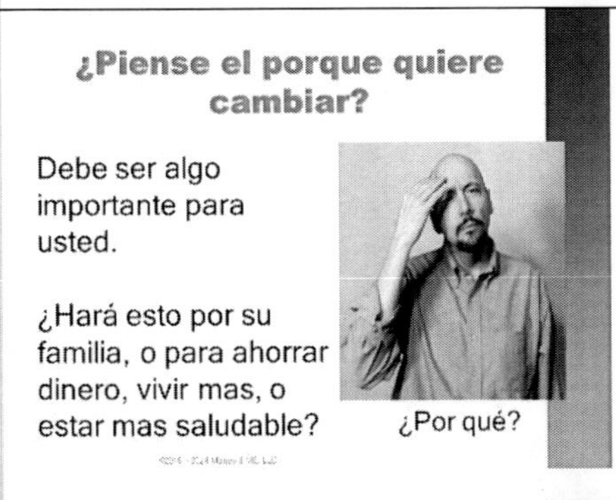

Es importante para los participantes que pienses en el "POR QUE". Si no saben el POR QUE quieren cambiar, ellos no se esforzaran en su nuevo hábito cuando se haga difícil. Esta foto muestra la señal de POR QUE en el lenguaje de señas americano (ASL).

Diapositiva 8

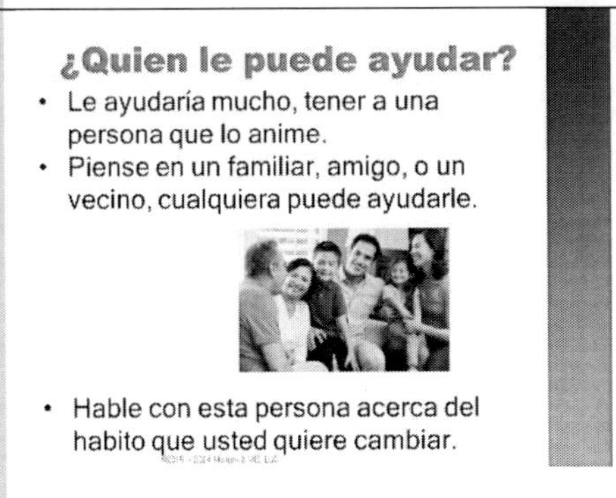

TODOS necesitan alguien que los anime. Deje que los participantes piensen en alguien que los pueda animar y los mantenga enfocados. Ellos escribirán el nombre de esa persona durante la siguiente actividad.

Sección 6: Tome el Control

Diapositiva 9

Muchas veces hay personas en nuestra vida que son malas influencias. Solamente estar cercas de ellos nos conduce a malas conductas. Diga a los participantes que reconozcan a las personas que ellos necesitan mantenerse alejados.

Diapositiva 10

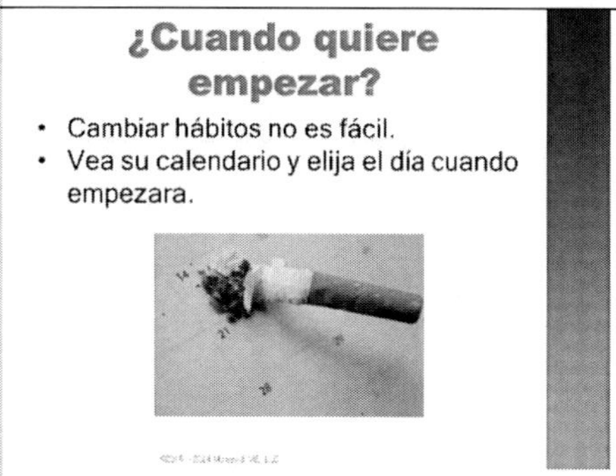

Diapositiva 11

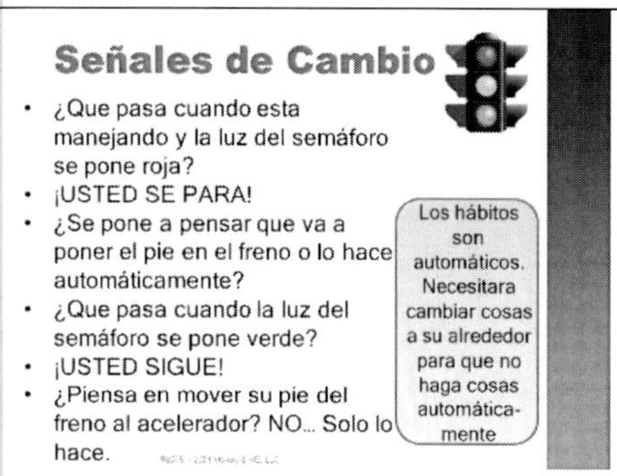

Hacemos cosas automáticamente. Para parar de hacer esto, debemos cambiar las cosas a nuestro alrededor.

Diapositiva 12

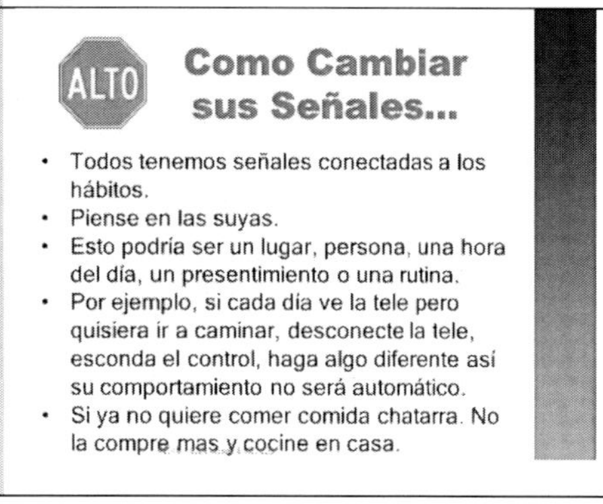

Todos nosotros recibimos señales, como "presentimientos" que nos conectan con nuestros hábitos. Deje que los participantes piensen en sus propias señales.

Diapositiva 13

Es importante remplazar un mal hábito por uno bueno. Deje que piensen en algo que sería bueno para ellos.

Diapositiva 14

Anime a los participantes que hablen con sus doctores sobre ideas para dejar de fumar o perder peso. Ellos pueden empezar con una prescripción para algo que les ayudara a vencer la adicción física que tienen. Ellos pueden buscar en el internet (en la biblioteca) por grupos de apoyo u otras maneras de ayudarse. Hay lugares donde puede recibir parches gratis de nicotina u otras maneras de combatir los malos hábitos. Hay muchas aplicaciones "para dejar de fumar" que le ilustraran cuánto dinero ellos ahorraran y mejorara su vida.

Diapositiva 15

Muchas personas son inspiradas siendo creativas. Anímelos a que hagan una canción o que creen su propio arte como visual recordándoles acercas del nuevo habito.

Diapositiva 16

Cree una ayuda visual en su teléfono que le recuerde con cual comportamiento esta trabajando.

Sección 6: Tome el Control

Diapositiva 17

Nuevo Lema

Busque una nueva forma de describirse. En lugar de decir "Estoy gordo(a)..Diga

Soy una persona SALUDABLE o En lugar de decir soy Fumador, diga Ya no soy fumador.

Cualquier habito que vaya a cambiar piense en un nueva forma de verse a usted mismo.

Si las personas se visualizan como fumadores, o pasados de peso, o flojos, ellos se vuelven como se ven. Anímelos a crear una nueva frase acerca de ellos mismo: No soy fumador, voy a ponerme en forma, soy activo, etc.

Diapositiva 18

Consejo #1

Muchas personas regresan a su mal habito cuando tienen:

Sed o hambre

Tome mucha agua, coma saludable y a sus horas.

Es difícil apegarse al nuevo hábito si se tiene sed o hambre. Anime a los participantes a que beban suficiente agua y coman comida saludable regularmente.

Diapositiva 19

Consejo #2

Muchas personas regresan a su mal habito cuando están:

Cansados

!Descanse!
Es mas difícil cambiar un habito cuando se esta cansado.

Otro obstáculo para un viejo hábito, puede ser el que la persona este cansada. Anímelos a que descansen bien.

Diapositiva 20

Consejo #3

Muchas personas regresan a su mal habito cuando están:

Enojados

Siga lo que esta en su plan.

Elabore un buen plan para cuando se enoja.

- *¿A quien puede llamar?*
- *¿Que es lo que hará?(hablar con un amigo, ir a caminar).*
- *Escriba el plan que le ayudara a recordar, porque cuando se enoje, usted va a querer volver a su mal habito.*

Cuando una persona se enoja por cualquier razón, esto puede impulsar a regresar al viejo hábito. Anímelos a desarrollar un plan para cuando estén enojados así no volverán a sus viejos hábitos.

Diapositiva 21

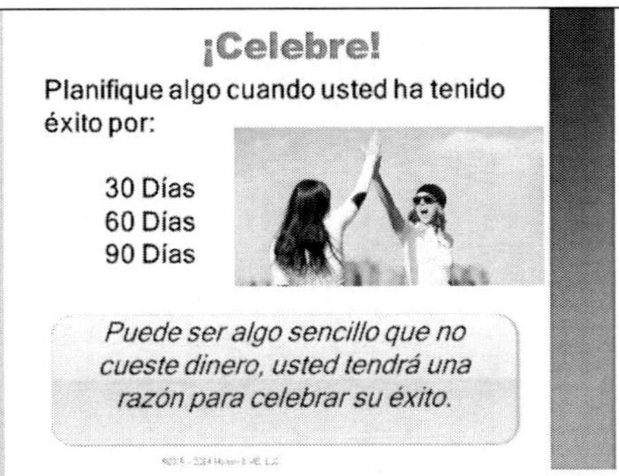

Tener algo que los visualice en el futuro cuando hayan cambiado su hábito es EXTREMADAMENTE IMPORTANTE. Pueden ser comprar nueva ropa cuando pierda peso, hacer una actividad especial, consentirse. Déjeles saber lo exitoso que será para ellos.

Diapositiva 22

Deje saber a los participantes que la oración y la meditación pueden ayudarle a cambiar.

Diapositiva 23

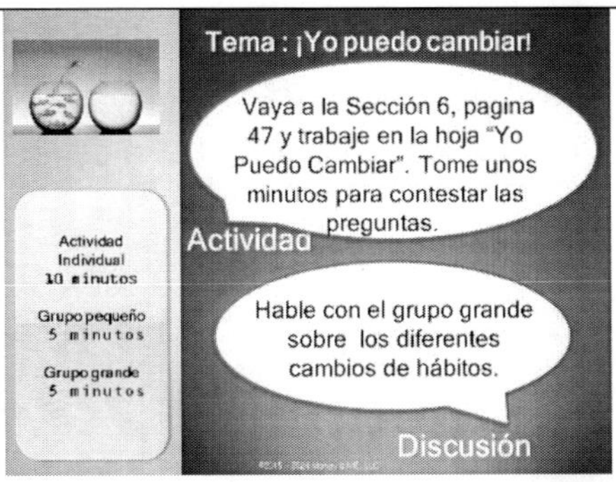

Una vez más, no se salte las actividades de discusión. Aquí es donde el REAL aprendizaje toma lugar. Anime a los participantes a compartir lo que han aprendido.

Diapositiva 24

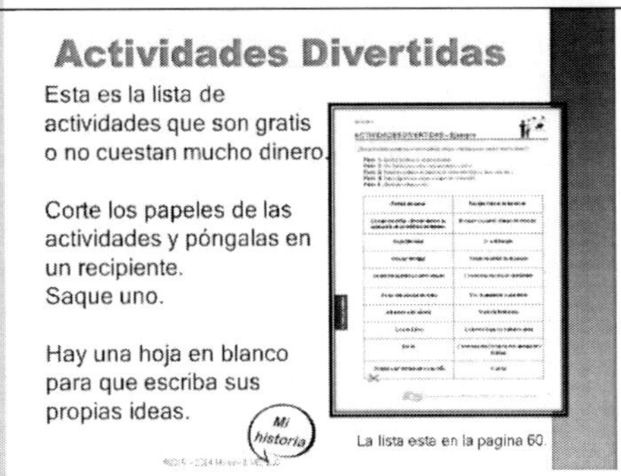

Actividades gratis o de bajo costo.

Historia del entrenador: Comparta una actividad que le guste, que sea gratis o cueste muy poco.

Diapositiva 25

Las bibliotecas son un recurso grandioso que no se debe pasarse por alto. Déjele saber a los participantes que las bibliotecas son gratis y tienen muchas actividades que hacer.

Diapositiva 26

Muchas veces las personas dicen que se quedan en casa porque no tienen dinero. Anímelos a pensar en actividades gratis que pueden hacer en su comunidad.

Diapositiva 27

Hay MUCHAS oportunidades de ser voluntario, que ayudara a las personas a mantenerse activos y devolver algo a la comunidad y aumentar su auto estima

Diapositiva 28

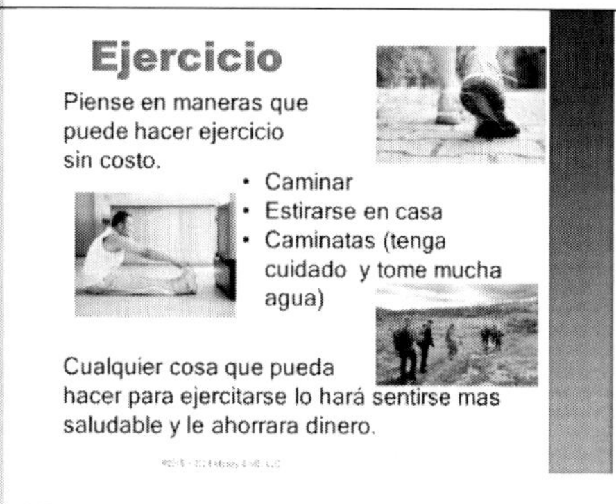

Ejercitarse es MUY importante and no cuesta dinero. Recuerde que les estamos mostrando las áreas donde pueden cambiar

Diapositiva 29

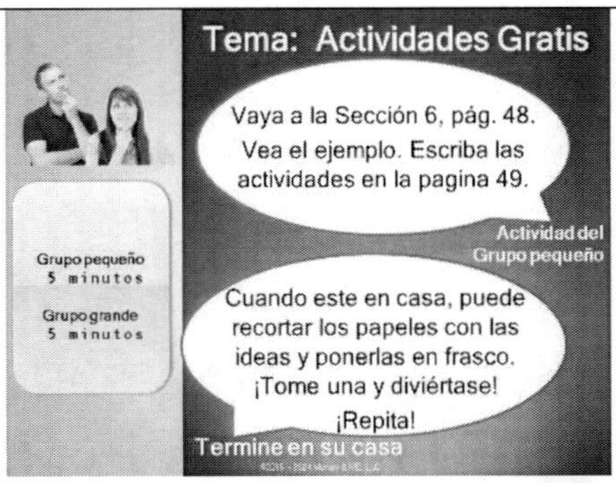

Muchas veces las personas de bajos recursos se quedan en casa haciendo nada (o viendo televisión) porque ellos no saben que hay actividades que son gratis. Esto les hará pensar en actividades que pueden hacer que no les cuesten dinero. Si esta corto de tiempo, deje que hagan esta actividad de tarea.

Diapositiva 30

¡Otras Maneras de Ser Exitoso!

Muchos participantes nunca serán financieramente ricos. Queremos que entiendan que ellos pueden ser ricos en otras maneras. En las próximas tres diapositivas se discutirá sobre los diferentes tipos de riqueza.

Diapositiva 31

Solo lea la información. No se quede mucho tiempo aquí.

Diapositiva 32

Tengamos buenas relaciones con los demás. Es importante animar a otros.

Sección 6: Tome el Control

Diapositiva 33

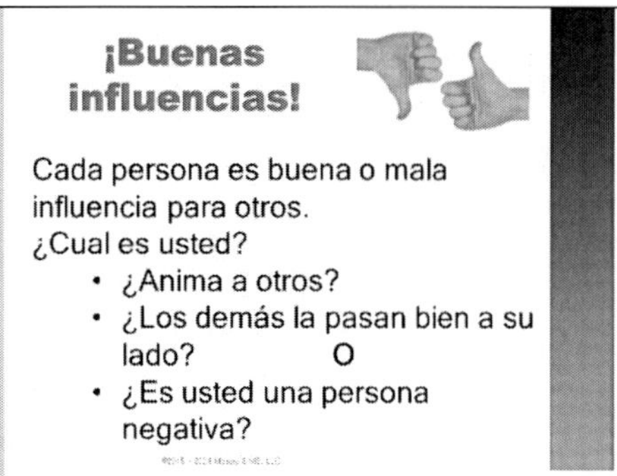

La palabra "influencia" puede que sea difícil de entender para algunos participantes. El visual de dedo arriba o dedo abajo es para que ellos empiecen a pensar si las personas son buenas para ellos o no. Y viceversa. Pregúnteles si ellos son buenos o malos cuando se reúnen. Están influyendo a las personas de buen o de mal modo. ¿Cuáles son las cosas que puede cambiar? Esto los guiara hacia la próxima discusión.

Diapositiva 34

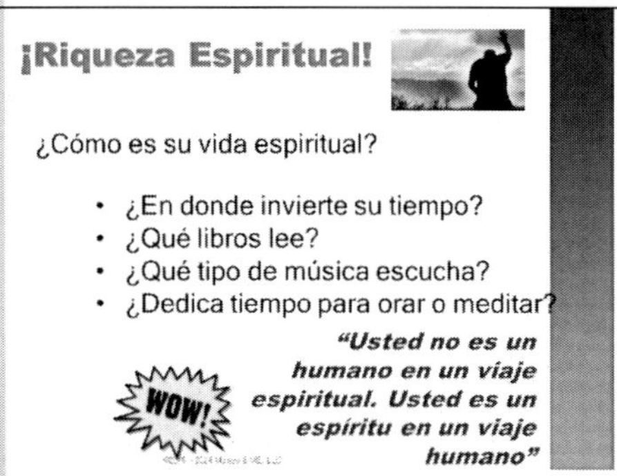

Como entrenador, usted quiere que no solo manejen mejor su dinero. Paren de pensar en lo pasajero, y busquen lo que es eterno. Lea la diapositiva y pregúnteles todas las preguntas. Ellos tendrán tiempo para discutir las preguntas en la siguiente diapositiva.

Diapositiva 35

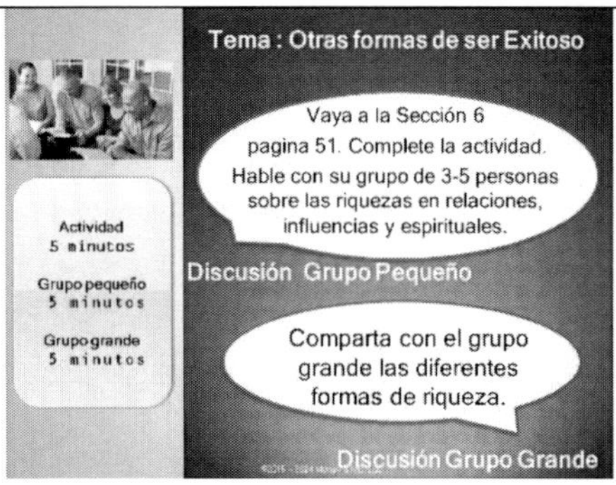

Esta es la última discusión de la clase y fue diseñada para ayudar a los participantes a identificar las áreas en sus vidas donde son ricos. Tal vez ellos no tengan mucho dinero, pero ellos deben saber que pueden ser ricos en otras maneras. Anímelos a discutir esto en sus grupos pequeños y comparta con los otros.

Diapositiva 36

Anime a otros a seguir sus metas.

Diapositiva 37

Comparta su éxito...

Publique su éxito en nuestra pagina de Facebook: Money & ME.

Síguenos en Facebook

La manera mas fácil para conectarse es ir a nuestro sitio web: www.moneyandme.cash.

O puede mandarnos un email a: Sara@moneyandme.cash
Este email también esta en la Sección 8 de su Libro de Trabajo.

Pida a los participantes que nos den like en nuestra pagina de Facebook.

Diapositiva 38

Para recibir su certificado

- Cada persona debe completar la encuesta para recibir su certificado.
- Busque la encuesta al final de su Libro de Trabajo en la Sección 8, pagina 61.
- Complete la encuesta y permanezca sentado.
- Usted puede intercambiar su encuesta por su certificado.

Puede que se vuelva muy caótico al final. Pídales a los participantes que completen sus encuestas y permanezcan sentados hasta que un asistente los llame por su nombre. Ellos podrán elegir su incentivo.

Diapositiva 39

Certificados

¡Felicitaciones a todos por haber completado exitosamente *el Programa del Dinero y YO!*

CERTIFICADO DE LOGRO
"Nombre del Participante"

Cada persona que asistió recibirá un "Certificado"

Certificados
Los certificados son importantes. Muchos de nuestros participantes nunca han completado algo, como la preparatoria o alguna carrera, etc. Pero esto es algo que perdurara. Algunos de los participantes han sido enviados por su oficial de probatoria, consejero o por la corte para completar este programa. Este certificado puede ser usado como prueba de asistencia al taller.

Diapositiva 40

Diapositiva 41

Favor de no cambiar el contenido de este programa. Cada componente fue diseñado específicamente para guiar a personas de bajos recursos, para hacer cambios y tomar el control de su dinero. Al cambiar el contenido, usted podría impedir que alguien reciba el beneficio completo. Sus comentarios son bienvenidos. Puede contactarnos en Sara@MoneyandME.cash.

Made in United States
North Haven, CT
06 November 2026

21741010R00048